Wilhelm Reich

Karteikarte des Häftlings Wilhelm Reich, Lewisburg, März 1957. Gemeinfrei laut Wikimedia. commons.wikimedia.org/wiki/File:Wilhelm_Reich_as_Prisoner_1957.jpg

STEFAN BLANKERTZ | Wortmetz | Lyrik und Politik *gegen* Gewalt und *für* Toleranz. Immer noch und trotzalledem.

Stefan Blankertz

Wilhelm Reichs Massenpsychologie des Faschismus

Schriftenreihe
Berliner Gestaltsalon
in der edition g.
407

Originalausgabe
© 2020 by Stefan Blankertz
editiongpunkt.de
Umschlag unter Verwendung eines Fotos von June
Verlag und Herstellung:
BoD – Books on Demand, Norderstedt
Alle Rechte vorbehalten
ISBN 978-3-7494-9757-7

INHALT

»Man muß, allerdings ohne das Gedächtnis zu verlieren, vom 1984
Datum Datum sprechen, welches ja schon von sich selbst spricht: Das
Datum Datum wird, indem es sich einfach ereignet, das Schweigen
der puren Einzigartigkeit durch Einschreibung eines Merk-
zeichens ›erinnerungshalber‹ gebrochen haben. Doch um vom
Datum Datum zu sprechen, muß man es auch löschen, es *jenseits der*
einen Einzigartigkeit, von der es spricht, lesbar, hörbar, wahr-
nehmbar machen. [...] Was ist es, das in dieser Erfahrung des
Datum Datums stattfindet, ist es die Erfahrung selbst? [...] die eines
Datum Datums, das gelöscht werden muß, um aufbewahrt zu bleiben,
damit [...] das Andenken ans Ereignis wachgehalten werde?«

Jacques Derrida, *Schibboleth* (1984), Wien 2012, S. 24f. Es geht 2012
ums Gedicht. Um Paul Celans Gedicht. *À la pointe acérée,* aus: 1963
Niemandsrose (1963). Auf Messers Schneide.

VOR ALLEM
FASCHISMUS BEGREIFEN

1

1933|46 »… die erotisch aufreizende Form des Faschismus …«   Erotik
Wilhelm Reich, *Die Massenpsychologie des Faschismus*[01]

2

1946 »Der ›sozialistische‹ *Staat* [sic] ist eine Erfindung von Partei-   Staat
bürokraten.«[02]

3

1946 »Schluß, endgültig Schluß mit der Politik! Wir wollen nicht   Politik
mehr, daß Politik unser Leben zerschlägt!«[03]

4

1946 »Die faschistische Ideologie meinte es ehrlich. Wer diese sub-   Ideologie
jektive Ehrlichkeit nicht einsah, der begriff den ganzen Faschismus und seine Anziehungskraft auf Massen nicht.«[04]

5

1946 »Ich für meinen Teil lehne einen Kampf um Macht, um mein   Macht
Wissen aufzudrängen, ab.«[05]

01 Version 1946: S. 188; identisch in der Version von 1933: S. 274. Die zitierten
Ausgaben finden sich auf S. 27f.
02 Nur in der Version von 1946: S. 206.
03 Nur in der Version von 1946: S. 210, S. 287.
04 Nur in der Version von 1946: S. 214.
05 Nur in der Version von 1946: S. 293.

UND WARUM DIESES BUCH? Es ist eine Notwehr gegen die   2020
Politik um sich geifernde Vorstellung nicht nur in der *Politik*, viel-
Therapie mehr auch in der *Therapie* und sogar in der *Poesie*, dass immer
Poesie mehr Staat und immer weniger Freiheit gegen Faschismus
feie. Wilhelm Reich ist darum ein so guter Zeuge gegen diesen
Glaubensirrtum, weil er selber den Weg gegangen ist, den Weg
vom Anbeter des Staats zum Skeptiker.

ZUR EINLEITUNG
WARUM FASCHISMUS?

6

1946 »Man kann den Faschismus nicht durch Imitation und Überbieten seiner Methoden besiegen, ohne selbst, gewollt oder ungewollt, faschistisch zu entarten.«[06]

7

Historisch wird Faschismus immer uninteressanter, weil eine
1919 vergangene Ursache, je weiter sie zurückliegt, um so weniger wirkt.[07] Und eigentlich wurde über Faschismus in historischer Hinsicht bereits alles gesagt, oder sogar mehr als alles über ihn gesagt.

8

2013 **ABER** er bleibt aktuell; denn der Vorwurf, die jeweilig *andere*   Aktualität
Seite sei faschistoid, beherrscht die deutsche politische Szene wie eh und je, und nicht nur die. Für die Einen ist ein Faschist oder ein Nazi, wer sich der gerade herrschenden öffentlichen Auffassung widersetzt, z. B. Rassisten wie Antirassisten, Antifeministen wie Feministinnen, Antisemiten wie Philosemiten, Kollektivisten wie Individualisten, Reaktionäre wie Liberale, Nationalisten wie Globalisten, sie alle werden in einen Topf geworfen, einmal verrührt und mit dem Label »Populisten« behängt, denn sie kommen immer besser beim Volk an, genau

06 Wilhelm Reich, *Die Massenpsychologie des Faschismus*, nur in der Version von 1946: S. 295.
07 Diese Maxime des (philosophischen) Pragmatismus, Grundlage auch der Gestalttherapie, lässt die auf fernste, tausendjährige Vergangenheit fixierten Erklärungen des Verhängnisses, wie Wilhelm Reich sie (in der Version 1946 der »*Massenpsychologie*«) lieferte oder Theodor W. Adorno in der »*Dialektik der Aufklärung*«, bestenfalls als belanglos dastehen, schlimmstenfalls als eine letzte Etappe, um das Bestehende vor effektiver Kritik zu schützen. Ursachen sollten *wirksam* und *beeinflussbar* sein.

wie damals. Und damit sind wir schon mitten im Thema der *»Massenpsychologie«*. Denn diese verbissenen Verteidiger des links Bestehenden, die sich anders als damals einzig wahre Linke zu sein dünken (*damals* waren sie die Konservativen), fragen sich damals genau wie damals nicht, warum die Anderen beim Volk besser ankommen als sie selber. Vielmehr regen sie sich bereits auf, wenn man, statt »Nazis« abzukürzen, die Eigenbezeichnung von damals voll ausspricht und »Nationalsozialisten« sagt. 1920 Denn »Sozialisten«, das sind doch die Guten, die dürfen nicht beschmutzt werden. Dass man nicht besser dastünde, wenn man sich auf die Seite der Gegner der Nationalsozialisten stellt, der Bolschewisten mit ihrem Josef Stalin an der Spitze, 1927 ist dem historischen Vergessen anheimgefallen.

9

rechts Jene als »Faschisten« gebrandmarkten (Rechts-) Populisten heute werfen den »linken« Verteidigern des Bestehenden nun ihrerseits vor, faschistische oder Nazi-Methoden anzuwenden. Politische und religiöse Intoleranz, Diffamierung, Denunziation, Behinderung der Meinungsfreiheit und Zensur, Ausschluss aus der Öffentlichkeit, ja auch Angriffe auf Sachen wie auf Menschen gehören zu den Methoden, die hier namhaft gemacht werden. Teilweise rechtfertigen sie mit den Angriffen der Gegenseite, nun ihrerseits legitimiert zu sein, derartige Methoden in Anschlag zu bringen. **JEDENFALLS**, indem sie die Gegenseite als »faschistisch« charakterisieren, machen sie deutlich, dass sie selber sich durchaus nicht als Faschisten begreifen, ganz im Gegenteil, dass sie sich zu den wahren Antifaschisten stilisieren. Wenige greifen auf echte faschistische Traditionen zurück, und bloß ganz krasse Außenseiter ohne jedes erkennbare Potenzial zum Populismus bekennen offen sich zu A. Hitler. Denn heute schreckt er so sehr ab, wie er damals anzog; negativer Populismus sozusagen.

[10]

10

Als Schnittmenge einer Definition dessen, was »Faschismus«   Definition
sei, die bei beiden Seiten der aktuellen Debatte im Zentrum
steht, lassen sich Intoleranz und politische Gewalt bestimmen.
Auf diesen Punkt gebracht, wird es allerdings ziemlich schwer,
den Faschismus von der ganz normalen Politik ganz normaler
Staaten zu differenzieren, auch der Staaten, welche selber sich
als »demokratisch« und »pluralistisch« bezeichnen. Oft stößt
die Identifizierung, dass Gewalt jedem Staat zugrunde liege,
1947 auf Unverständnis. Jedoch hebt das Grundgesetz damit an zu
beteuern, alle *Staatsgewalt* gehe vom Volke aus.[08] Ist Gewalt,   Staat
die vom Staat ausgeht, etwa keine Gewalt? Und heißt doch   = Gewalt
Gewalt! Was unterscheidet die Staatsgewalt von anderer Gewalt? Dass das Volk zustimmt. Was unterscheidet das Volk
von der Masse? Egal, wie diese Fragen beantwortet werden, es
zeigt sich, dass die Unterschiede zum Faschismus gradueller,
nicht prinzipieller Natur sind.

11

1946 »Der politische Reaktionär unterscheidet sich vom echten
Demokraten *grundsätzlich* durch seine Stellung zur Staatsgewalt. [...] Der Reaktionär fordert typischerweise die Macht   Reaktionär
des Staates über die Gesellschaft; er fordert die ›Staatsidee‹.«[09]
Die Ablehnung von Staatsgewalt hat laut Wilhelm Reich das
Anrecht, sich »demokratisch« zu nennen, nicht der Gebrauch
derselben.

12

heute Wenn die Verteidiger des Bestehenden so unverhohlen mit
der Nazi-Keule zuschlagen, verkennen sie, auf welch dünnem
argumentativen Eis sie sich bewegen. Der Zusammenhang
von Faschismus und Demokratie ist stärker, als ihnen lieb sein   Demokratie 1

08 GG, Artikel 20.2.
09 *Massenpsychologie des Faschismus*, nur in der Version von 1946: S. 240f.

[11]

kann. Damit sind ihre politischen Gegner nicht exkulpiert, weil auch sie auf der Klaviatur der Massendemokratie spielen, deren Faschismusanfälligkeit weder historisch noch aktuell ernsthaft bestritten werden kann.

13

Opposition Dennoch glaubt gerade die Opposition, sei es die gegen den Krieg, sei es die gegen anderen Irrsinn der Politik, dass sie um so nachdrücklicher auf Demokratie drängen müsse, als ob nicht jedes herrschende System sich auf die zumindest passive Duldung, wenn nicht Zustimmung der Mehrheit der Untertanen verlassen kann. Dass es eine Mehrheit gegen das System gäbe, ist eine Illusion, die die Herrschenden mit reichlichen Streicheleinheiten und allerhand Geldmitteln aufrecht zu erhalten versuchen. Denn diese Illusion nutzt ihnen. Solange das *Prinzip* der Staatsgewalt nicht ins Fadenkreuz der Kritik gerät, droht ihnen keine Gefahr.

14

Verfolgung Wilhelm Reich musste das schmerzlich erfahren. Denn er 1947 hatte sich zu weit in die falsche Richtung hervorgewagt zu der Zeit, zu der man nur auf der einen oder der anderen Seite sein durfte, wenn man ein sicheres Leben anstrebte. Wir werden im Laufe der Lektüre sehen, mit welchen Aussagen und Einsichten er sich die Verfolgung eingehandelt hatte.

ZUR EINLEITUNG
WARUM MASSENPSYCHOLOGIE?

15

Psychologie, und speziell die Psychotherapie, beschäftigt sich Psychologie
vornehmlich mit der Psyche einzelner Menschen und deren
Handeln in kleinen, überschaubaren Gruppen wie Familie
oder Arbeitsteam. Die »Masse« kommt gegebenenfalls vor als
ein Gruppendruck, dem der Einzelne ausgesetzt ist und dem
er sich beugt oder widersetzt.

16

1895 **ABER** hat die Masse eine eigene Psyche? Handelt sie? Oder Massenpsyche?
lässt sie sich wiederum von Einzelnen steuern = manipulieren?
Von Organisationen wie etwa den politischen Parteien? Von
gesellschaftlichen »Agenturen« wie etwa den Medien? Oder
1960 wird sie von spontanen Bewegungen beherrscht, welche ihrer
eignen Logik folgen und gerade eben nicht, jedenfalls nicht unmittelbar und präzise geplant steuerbar sind? Eventuell treffen
auch all diese Möglichkeiten zu, in verschiedenen Mischungs-
und Abstufungsformen, was die Analyse auf jeden Fall noch
komplizierter werden lässt.

17

heute Ohne Massenpsychologie ist dem Faschismus sowie seinem
kleinen Bruder, dem rechten oder auch linken Populismus, Populismus
nicht beizukommen. Obwohl hinter der Entscheidung eines
Wählers für eine faschistische oder populistische Partei ökonomische oder soziale Interessen auszumachen sind, erklärt es
noch nicht, warum die Wähler Politikern Glauben schenken,
die offensichtlich Widersprüchliches oder Unmögliches ver-
sprechen oder die offensichtliche Lügen gebrauchen. Doch
auch hier gilt es zu bedenken, dass Widersprüchlichkeit oder

[13]

Unmögliches ebenso wie Lügen zum Alltag der realen Demokratien gehört. Auch hier ist die Differenz zu Faschismus und Populismus nicht grundsätzlicher, vielmehr eher gradueller Natur.

Der Alltag der Demokratien bereitet die Massen auf Faschismus und Populismus vor.[10] Zugleich damit forciert er auch die Tendenz zu Faschismus und Populismus, indem er es so erscheinen lässt, als seien Parteiengezänk und Parteienegoismus die Ursachen der Krise und nicht grundsätzlich die Tatsache, dass die Staatsgewalt, egal wie sie politisch organisiert ist, das freie Handeln der freien Menschen (das freie Handeln freier Menschen nannte Wilhelm Reich ab ungefähr 1943 »Arbeitsdemokratie«) behindert und damit ihre Fähigkeit unterläuft, mit Krisen- und Gefahrensituationen zurecht zu kommen. Indem sie den Alltag in der Demokratie mit dem freien Handeln freier Menschen verwechseln, entsteht bei den Massen das Gefühl, die Freiheit selber sei die Ursache ihrer Probleme und sie finden sich bereit, den Liberalismus zu *dem* Hauptfeind zu küren, damals wie heute.

1943

Demokratie 2

18

Heute ist das Objekt des Hasses (oder, in Wilhelm Reichs Diktion: der »emotionellen Pest«) der »Neoliberalismus« mit der Behauptung, irgendwelche dunklen Mächte würden »den freien Markt anbeten«, diese »Höllenmaschine«, wie der erzantiliberale Philosoph Pierre Bourdieu ihn nannte, obgleich es leicht zu zeigen wäre, dass es kaum noch einen Markt gibt, und schon gar keinen freien, von der Staatsgewalt nicht regulierten Markt.

heute

Neoliberalismus

Bourdieu

1998

---

10 Vgl. Stefan Blankertz, *Die Katastrophe der Befreiung: Faschismus und Demokratie* (2013), Berlin 2015. Ders., *Politik macht Ohnmacht: Demokratie zwischen Linkskonservativismus und Rechtspopulismus*, Berlin 2017. Ders., *Verschwinde, Staat! Weniger Demokratie wagen*, Berlin 2019.

ZUR EINLEITUNG
WARUM WILHELM REICH?

19

Vorderhand ist Wilhelm Reich (1897-1957) nicht schwer zu
lesen oder schwer zu verstehen. Er schreibt einen klaren, einfachen Stil, weitgehend frei von psychologischem oder sozio-
logischem Fachjargon; denn er wendet sich gern auch an »den
kleinen Mann«, an die Arbeiter. Dennoch bleibt er, zumindest
heute, ein schwieriger Autor. Die Beschäftigung mit ihm bedarf einer Rechtfertigung. Wilhelm Reich endete im Irrsinn.
Paranoia ist gewiss (obwohl sie einen Kern von Wahrheit ent-
hielt, denn schließlich wurde er tatsächlich verfolgt), vielleicht
litt er auch an Schizophrenie (sofern die von ihm postulierte
»Orgon-Strahlung« keine Tatsache ist, sondern nur eine Ein- Orgon
bildung). Seine Theorie einer frei verfügbaren Lebensenergie,
die er »Orgon« nannte und mit der er den zweiten Hauptsatz
der Thermodynamik außer Kraft setzen wollte, ist zwar bis
heute weder bestätigt noch widerlegt (unter anderem darum,
weil Beamte der »Food and Drug Administration« sein Labor FDA
zerschlagen ließen, weshalb wichtige Versuchsaufbauten nicht
zu rekonstruieren sind); jedoch dass er mit akkumuliertem
Orgon das Wetter meinte beeinflussen und sogar UFOs ab- UFOs
schießen zu können, gehört sicherlich ins Reich der Fantasie.
Wie bei anderen der Umnachtung verfallenen Denkern stellt
sich mithin bei der Lektüre begleitend die Frage: Was gehört
der Wahnwelt an, was hingegen ist ernst zu nehmen?

20

1933 Die »*Massenpsychologie des Faschismus*« kam erstmalig 1933
heraus, d. h. Wilhelm Reich hatte das Buch geschrieben, einerseits während der Sieg des Faschismus sich in Deutschland Faschismus
(un?) aufhaltsam abzeichnete, er selber andererseits noch Mit-

[15]

KPD glied der Kommunistischen Partei Deutschlands (KPD) war.
Dort war er nicht unumstritten, denn er stritt für die Reform
der Sexualmoral, die nicht allen Genossen geheuer war, aller-
dings hatte er eine gute Gefolgschaft unter den Arbeitern und
betrieb seine sexualtherapeutischen Beratungsstellen. 1933. 1933
Stalin Da war Josef Stalin bereits etliche Jahre an der Macht. Die an- 1927
Lenin archistische und rätekommunistische Opposition hatten zu- 1921
Trotzki vor Lenin und Trotzki eliminiert. In der Ukraine wütete eine
Not Hungersnot (»Holodomor«), die die stalinistischen Zwangs- 1932f
Zwang kollektivierungen ausgelöst hatten. Nichtsdestotrotz glaubte
Wilhelm Reich bis zu diesem Punkt an die Segnungen des
Bolschewismus, an Lenins heilsbringende Wirkungen. Doch
die KPD hatte 1933 nichts Besseres zu tun, als Wilhelm Reich
aufgrund der *Massenpsychologie des Faschismus* wegen Konterrevolution aus der Partei zu werfen und dem Abtrünnigen in
der Folgezeit überall, wohin es ihn bei seiner Odyssee des Exils
verschlug, nachzustellen. Denn dieser Autor warf die Frage
auf, was die Kommunisten falsch gemacht hätten. Zweifellos
mussten sie, so überlegte Reich, irgendetwas falsch gemacht
haben, weil nun mal nicht sie als Bannerträger der richtigen
Sache siegten, wie ihre Theorie es ohne Wenn und Aber verlangte, sondern die reaktionären Kräfte. Die Frage bereits roch
nach Verrat. Und dann erst die Antwort: Die Kommunisten
hatten vergessen, dass es nicht um abstrakte Ökonomie zu tun
sei, vielmehr um das Leben der Menschen, um Freude, ja, vor
allem um die Sexualität, die unterm herrschenden Regime so
grausam verstümmelt werde und sich in allerlei Perversionen
Bahn breche, etwa in kollektiven Gewaltfantasien.

2 1

Perversion 1 Apropos Perversionen. — Wilhelm Reich spricht von »Wegen 1933|46
der Ersatzbefriedigung verschiedener Art«, »so zum Beispiel
steigert sich die natürliche Aggression [!] zum brutalen Sadismus, der ein wesentliches Stück der massenpsychologischen

Grundlage desjenigen Krieges bildet, der von einigen wenigen
1914 aus imperialistischen Interessen inszeniert wird. [...] ›Willst
du fremde Länder kennenlernen, dann tritt in die Marine des
Königs [Kaisers?] ein‹,[11] und die fremden Länder sind durch
exotische Frauen dargestellt. Und warum wirken die Plakate? ... toxische ...
Weil unsere Jugend durch die Sexualunterdrückung sexual-
hungrig geworden ist« (1946: S. 50; identisch 1933: S. 53f).

22

1946 »Viele krankhafte Äußerungen im späteren Geschlechtsleben, Perversion 2
wie wahllose Partnerwahl, sexuelle Unrast, Neigung zu patho-
logischen Ausschweifungen etc., leiten sich gerade aus der *Hemmung* der orgastischen Erlebnisfähigkeit her« (nur 1946: S. 133;
fehlt 1933). Bis heute wird Wilhelm Reich als der angeprangert,
der den Ausschweifungen die Stange gehalten habe; nein, er hat
sie als Folge der Sexualunterdrückung präzise analysiert. Wie
diese Verwechselung notwendig entstehen muss, wusste Reich
nur zu gut; sie ist die »emotionelle Pest«.

23

1933 1933 (S. 199): »Der Reaktionär christlicher oder faschistischer Perversion 3
Prägung verurteilt die bürgerliche Form der sexuellen Lust
(nicht ohne ihr dennoch selbst zu verfallen), weil sie ihn provoziert und abstösst zugleich.« Reine Historie? Mitnichten!
Neuerliche Skandale um Missbrauch in Kirchen und Schulen
zeugen von der Aktualität.

24

1946 1946 (S. 138): »Der Reaktionär jeder Prägung verurteilt die Perversion 4
sexuelle Lust (nicht ohne ihr dennoch selbst krankhaft zu verfallen), weil sie ihn provoziert und abstößt zugleich.« Der Begriff *Reaktionär* umfasste 1946 eben auch die Kommunisten

11 Obzwar gut vorstellbar, ist es mir nicht gelungen, ein Rekrutierungs-Plakat
dieser Art, weder deutsch noch britisch, ausfindig zu machen.

sowjetischer Prägung, und es war nun nicht mehr notwendig, rituell alles, was schlecht ist, mit *bürgerlich* zu brandmarken.

25

Per-
version 5
»In keiner Gesellschaftsschichte blühen Hysterien und Perversionen derart wie in den Kreisen der asketischen Kirche«
(nur 1946: S. 144). Das heißt, »die *Zwangsmoral schafft also*
genau das, worauf sie sich dann zur Rechtfertigung ihres Be-
standes (›das Sexuelle ist asozial‹) beruft« (1946: S. 159; Ver-
Moral
sion 1933, S. 224f, hat »Moral« statt »Zwangsmoral«; eine bedeutsame Abweichung: Reich sieht »Moral« 1946 nicht mehr
als uneingeschränkt mit Zwang assoziiert).

1946

1946

1933

26

ABER Wilhelm Reich blieb bei jener Fragestellung und jener
Antwort nicht stehen. Zunehmend zweifelte er sogar an der
Ernsthaftigkeit, mit der die (Staats-) Kommunisten nach dem
glücklichen Leben für die Masse der Menschen strebten. In
UdSSR
der Sowjetunion kam es zu einer reaktionären Wende auch
in der Familien- und Sexualpolitik. Die Koedukation[12] wurde
abgeschafft, Abtreibung erneut unter Strafe gestellt usw. usf.[13]
Dieses »weg vom Kommunismus!« zeichnet sich besonders
in der Bearbeitung der »*Massenpsychologie des Faschismus*«
1942/46 ab. Hier, inzwischen im US-amerikanischen Exil,
notiert er zum Beispiel: »Die russischen Kommunisten waren
von der Bejahung des Sexuallebens weiter entfernt als irgend-
ein amerikanischer Mittelständler« (1946: S. 128). Es ist er-
hellend, den inneren Kampf Wilhelm Reichs nachzuverfolgen
und ihn zu analysieren.

1934

1939
1946

Nicht allein in dieser politischen Hinsicht lohnt es sich, Wilhelm Reich heute zu studieren. Denn neben den marxistischen

heute

---

12 Gemeinsamer Unterricht für Mädchen und Jungen.
13 Dass unter Stalin Homosexuelle verfolgt wurden, fand Reich weit weniger
erwähnenswert; vgl. 6.5 (S. 109ff).

Kommunisten sind auch die Verfechter sexueller Revolution
1968 in den 1960er Jahren, die sich zumindest teils auf Wilhelm
Reich bezogen, gescheitert. Zugestanden, einiges haben sie er-
reicht, *summa summarum* die Gefahr des Faschismus jedoch
nicht gebannt und zu neuen Formen der Sexualfeindlichkeit
beigetragen, die sich durch eine Flut von Eingriffen der Staats- Staatsgewalt in intimste Bereiche ausdrückt. Hier müssen wir »mit gewalt
Reich gegen Reich« argumentieren.

27

Schließlich ist Wilhelm Reich für Gestalttherapeuten inter-
essant als ihr geistiger Großvater. Fritz Perls (1897-1970) war Fritz Perls
bei Reich in Lehrtherapie. Paul Goodman (1911-1972) hatte Paul Goodman
sich bereits mit Reich auseinandergesetzt, noch ehe er Fritz
1947 und Laura Perls Ende der 1940er Jahre traf; seine Essays, die Laura Perls
1945 aus dieser Auseinandersetzung hervorgegangen waren, hatte
das Ehepaar Perls im südafrikanischen Exil dazu bewogen,
ihn unbedingt kontaktieren zu wollen, falls sie je in die USA
kämen – was der Fall war und bekanntlich zur gemeinsamen
Formulierung der Grundlagen der Gestalttherapie führte.
Wilhelm Reich steht für zwei Pfeiler der Gestalttherapie, die
seine Revision der klassischen Psychoanalyse darstellen:

28

ZUM EINEN gab Reich die »Neutralität« und die »Abstinenz«
des Therapeuten auf, welche Sigmund Freud nachdrücklich Sigmund Freud
gefordert hatte. Umgekehrt. Nach Reich muss der Therapeut
Partei ergreifen für die Lebensinteressen des Patienten (dies
gegebenenfalls gar gegen dessen Protest) und aktiv eingreifen,
nicht bloß ins Leben, sondern darüber hinaus auch ins Umfeld
1972 des Patienten. In einem Interview von 1972 berichtete Laura
Perls von ihrer Begegnung mit Wilhelm Reich während der
1932 Zeit, als Fritz bei ihm Lehranalysand war: »Einmal besuchte
ich Reich, er wollte mich sehen. Fritz hatte eine flüchtige Im-

potenz-Episode und ich machte mich ein wenig lustig über ihn. Reich wollte mich sehen und sagte, das sei nicht sehr klug. Natürlich war es das nicht.«[14] Noch keine groß *sophisticated* Intervention, doch auf dem Weg dorthin.

29

ZUM ANDEREN bereitete Wilhelm Reich wie kein zweiter die
Aggression gestalttherapeutische Theorie der Aggression vor, der zufolge Aggression zunächst im Dienst des Lebens und der Lust stehe, aufgrund unglücklicher gesellschaftlicher Umstände jedoch ins Negative kippe. O-Ton Reich: Natürliche Aggression steigere 1933|46 sich durch die Sexualunterdrückung zum brutalen Sadismus (1946: S. 50; identisch 1933: S. 53). Die Sexualunterdrückung führt laut Reich zum »chronisch *überspannten* körperlichen 1946 Erregungszustand« (nur 1946: S. 142). Und Sadismus namens
Perversion 6 nationalistischer, kriegerischer oder sonstiger ideologischer Gewalt entspringe dem »Wunsch nach *Entspannung ohne eigene* 1946 *Schuld*« (nur 1946: S. 143). Die Gestalttherapie verallgemeinert die Argumentationsfigur als »chronische Notstandsreaktion« auf die Hemmung aller, und nicht bloß der sexuellen Lebens-energie.[15] Aber das war schon bei Reich selber angelegt. Dies ist kein historischer Punkt. Die Theorie der Gestalttherapie konnte besser als jede andere voraussagen und hat sich leider bestätigt, dass der Fortbestand der kriegerischen Gewalt nach *außen* einhergehe mit wahnsinniger Repression nach *innen*, die aber als Wächter des Wohlergehens jedes Einzelnen sich aus-zugeben vermag. Reichs *Massenpsychologie* und Goodmans *Gestalt Therapy* ergeben zusammen das Instrumentarium, um 1951 die Welt, wie sie heute ist, zu verstehen, zu analysieren und zu-recht zu rücken.

14 Laura Perls, *Meine Wildnis ist die Seele des Anderen*, Kassel 2017, S. 64.
15 Vgl. Stefan Blankertz, *Gestalttherapie Essentials* (2012), Kassel 2019. *Gestalt begreifen* (1996), Kassel 2018. Sowie *Die Geburt der Gestalttherapie aus dem Geiste der Psychoanalyse Sigmund Freuds*, Berlin 2016 (edition g. 402).

Prof. Wilhelm Reich (1852-1929) aus Rusovce, ab 1878 Oberrabbiner in Baden;
vielleicht der »berühmte weise Rabbi« aus der Familie väterlicherseits, von dem
Wilhelm Reich laut Ilse Ollendorff Reich gesprochen hat (1969, S. 1). Foto: Gemeinfrei laut Wikimedia.   commons.wikimedia.org/wiki/File:Rabbi_wilhelm_reich.jpg

Willy Brandt, im norwegischen Exil mit Wilhelm Reichs Sekretärin Gertrud Meyer (1914-2002) liiert, war ein Proband für frühe Orgonversuche. »Reich selbst war mir in den ersten Osloer Jahren in Sachen Politik, Literatur und Sexualverhalten als gesellschaftliche Kategorie ein anregender und phantasie-voller Gesprächspartner.« Willy Brandt, 1982. Foto: CC-BY-SA 3.0, Urheber: Pelz, *via* Wikimedia.   commons.wikimedia.org/wiki/File:Willy_Brandt01.jpg

ZUR EINLEITUNG
WILHELM REICHS ENTDECKUNG

30

1919 Als Arzt entdeckte Dr. Wilhelm Reich die Psychoanalyse Sigmund Freuds, denn ihm wurde klar, dass viele der Leiden der Patienten keine körperlichen, sondern psychische Ursachen 1924 haben. Und als Psychoanalytiker entdeckte Wilhelm Reich, dass die psychischen Störungen allzuoft nicht im Individuum oder seinem unmittelbaren Umfeld wurzeln, sondern in weit größeren gesellschaftlichen Zusammenhängen.

Psychosomatik

Soziosomatik

31

Die Nahtstelle von Körper, Psyche und Gesellschaft war für Wilhelm Reich die Sexualität. Sexualität und Liebe als die Grundbedürfnisse und als Hauptquellen für ein glückliches Leben haben eine ebenso körperliche wie psychische Seite, die voneinander nicht ohne Verlust des Lebensglücks getrennt werden können; sie stehen unter strikter gesellschaftlicher Kontrolle durch Gesetze, die die Staatsgewalt macht, sowie Normen, Sitten und Tabus, die sozialer Natur sind. (Heute 1968 noch, nach der »sexuellen Revolution« der 1960er Jahre bleibt Sexualität weiter nur »Nebensache«. Es ist bemerkenswert, dass das, was biologisch gesehen Garant des Fortbestehens der Menschheit ist, nie zur sozialen Hauptsache erklärt werden darf, ohne gleich das Geschrei auszulösen, man reduziere den Menschen unzulässigerweise auf Biologie. Dass wesentlicher Antrieb zur Arbeit nicht nur die Produktion von Nahrung für die Erhaltung des Einzelindividuums ist, vielmehr vor allem Produktion oder Erwerb von Dingen, die der Attraktion von [Sexual-] Partnern dienen, unterliegt einem gespenstischen Tabu. Die perverse Koppelung von *sex'n'crime* ist literarisch akzeptierter als jede Form natürlicher, befriedigender Liebe.)

Sexualität

Perversion 7

[23]

32

»›Weg vom Tier; weg von der Sexualität!‹ – sind die Leitsätze   1946

Ideologie aller menschlichen Ideologiebildung. Gleichgültig, ob es ein Faschist in die Form des rassisch reinen ›Übermenschen‹,[16] ein Kommunist in die Form der proletarischen Klassenlehre, ein Christ in die Form der ›spirituell-moralischen Natur‹ des Menschen oder ein Liberaler in die Form der ›höheren menschlichen Werte‹ kleidet. Aus all diesen Ideen klingt immer wieder die eine eintönige Melodie hervor: ›Ich bin ja gar kein Tier; ich habe doch die Maschinen erfunden und das Tier nicht! *Und ich habe gar keine Genitalien wie das Tier!*‹ Hierher gehört die Überbetonung des Intellekts, des ›reinen‹ mechanischen, logischen Verstandes gegenüber dem Trieb, der Kultur gegenüber der Natur, des Geistes gegenüber dem Körper, der Arbeit gegenüber der Sexualität, des Staates gegen-

! über dem Individuum [!], des Übermenschen gegenüber dem Untermenschen. Woher kommt es, daß von Millionen Autofahrern, Radiohörern etc. nur ganz wenige die Namen der Entdecker des Autos und des Radios kennen, dagegen jedes Kind die Namen der politischen Pestgeneräle kennt?« (*Massenpsychologie*, nur in der Version von 1946: S. 300.) Nehmt das, ihr Kollektivisten, ihr Lobhudler eines allgewaltigen »Wir«: »Überbetonung des Staates gegenüber dem Individuum«.

33

ANDERERSEITS — dass Wilhelm Reich Leben und Freude der Menschen auf Sexualität beschränkt habe, ist unterstellt, wie wir im Laufe der Lektüre sehen werden. Der Slogan aus den

Liebe, Arbeit letzten Jahren macht dies deutlich: »*Liebe, Arbeit und Wissen*   1942

und Wissen *sind die Quellen unseres Lebens. Sie sollten es auch beherrschen.*«

---

16 Dies richtet sich kaum gegen Friedrich Nietzsche, dessen Philosophie einen nicht unwesentlichen positiven Einfluss auf Wilhelm Reich ausübte, sondern gegen den nationalsozialistischen Gebrauch des Gegensatzpaares von »Übermensch«-»Untermensch«, der nicht in der Terminologie Nietzsches gründete.

WILHELM REICHS
MASSENPSYCHOLOGIE DES FASCHISMUS
EINE DEKONSTRUKTIVE LEKTÜRE

»Diktatorische Macht und Wahrheit gehen nicht zusammen; 1946
sie schließen einander aus. Es ist geschichtliche Tatsache, daß
die Wahrheit noch immer gestorben ist, wenn ihre Träger zu
gesellschaftlicher Macht kamen. ›Macht‹ *bedeutet immer Unter-*
werfung anderer. Wahrheitstatsachen aber lassen sich nie durch
Unterwerfung, sondern immer nur durch Überzeugung durchsetzen. [...]

Macht Um die Macht zu gewinnen, muß man Millionenmassen mit
Illusionen Illusionen erfüllen. [...]

Millionenmassen mit der Behauptung zu gewinnen, daß *sie*
selbst, und nicht einzelne Psychopathen, am gesellschaftlichen
Unglück schuld sind, daß *sie selbst,* und kein von ihnen ge-
wählter oder akklamierter Führer, die Verantwortung für ihr
Schicksal tragen, daß *sie ganz allein für alles* verantwortlich
sind, was in dieser Welt geschieht – das widerspricht so sehr
allem, was sie bisher gehört und in sich aufgenommen haben,
daß mit solchen Wahrheiten die Macht gewinnen zu wollen
blöde wäre.« (*Die Massenpsychologie des Faschismus,* nur in der
Version von 1946, S. 290f.)

DIE AUSGABEN

34

Meinem Kenntnisstand nach gibt es drei Originalquellen des ursprünglichen Textes von Wilhelm Reichs »*Massenpsychologie des Faschismus: Zur Sexualökonomie der politischen Reaktion und zur proletarischen Sexualpolitik*« aus dem Jahre 1933:

1933 [1] 1933: Kopenhagen-Prag-Zürich im »Verlag für Sexual- Original
politik«. Der Satz kennt kein ß und keine versalen Umlaute.

2020 (Neu herausgegeben, redigiert sowie versehen mit einem Anhang von Andreas Peglau, Gießen 2020.)

193? [2] o. J.: Tarnausgabe unter dem Titel »*Mystische Erhebung:* Tarnausgabe
Ein Buch für junge Männer«. Als Autor wird genannt: Pastor Friedrich Traub, Marburg a. d. Lahn (Kreuz Verlag). Der behauptete Verlag existierte nicht und der angebliche Autor war 1906 verstorben. Das Vorwort beginnt mit einem Lobgesang auf die nationalsozialistische Revolution, um auf der nächsten Seite unvermittelt in den Original-Text von Wilhelm Reich überzugehen und ist dann mit der Ausgabe von 1933 text- und seitenidentisch. Eine Tarnausgabe erwähnte Wilhelm Reich. Lange Zeit unauffindbar, war sie ins Reich der Omnipotenzfantasie verbannt worden; Andreas Peglau machte sie jedoch

2013 ausfindig (in: Werkblatt Nr. 70, Heft 1/30. Jg. 2013).

1934 [3] 1934: Kopenhagen. Gekennzeichnet als »II. Auflage«. Text- 2. Auflage
und seitenidentisch mit der Ausgabe von 1933 bis auf ein neu hinzugefügtes, acht Seiten umfassendes Nachwort.

35

Die revidierte Version von 1946 (nunmehr ohne einen Untertitel) hat ebenfalls drei Originalquellen:

1946 [4] 1946: Englische Übersetzung von Theodore P. Wolfe, New revidierte
York (Orgone Institute Press). Der Text ist stark überarbeitet Fassung
1945 und ergänzt. Das Vorwort trägt die Datierung »August 1945«.

Der Psychiater und Psychosomatiker Theodore Peter Wolfe war ein Unterstützer und Mitarbeiter von Wilhelm Reich am Orgone Institute. Er hieß eigentlich Theodor Peter Wolfensberger (1902-1954) und stammte aus der Schweiz.

neu übersetzt **[5]** 1970: Neue Übersetzung durch den italienischstämmigen 1970 Vincent R. Carfagno (1935-2016), New York (Farrar, Straus, and Giroux). Nun trägt das Vorwort die Datierung »August 1942«. Es mag ja sein, dass Reich seine Hauptarbeit der Text- 1942? revision im August 1942 zusammen mit dem neuen Vorwort abgeschlossen hat. Doch die Ausgabe 1946 enthält Textstücke, die definitiv nach 1942 verfasst worden sein müssen, da sie auf Ereignisse bis ins Jahr 1945 Bezug nehmen, sodass die neue 1945! Datierung äußerst irreführend ist.

Die neue Übersetzung ist zweifellos näher am deutschen Text von Wilhelm Reich, während die alte sich teils so weit von ihm entfernt, dass es eher nach Paraphrase als Übersetzung klingt. Doch ebenso zweifellos war die alte Übersetzung in enger Absprache mit Reich erstellt und durch ihn autorisiert worden. Die ganz andere Anordnung der Schlusskapitel wird, selbst wenn sie auf Wolfes Initiative zurückgeht, nicht ohne die ausdrückliche Zustimmung Reichs in den Druck gegangen sein. Interessanterweise wurde »*Freiheitsbewegung*« 1946 noch als 1946 »*revolutionary movement*« statt als »*freedom movement*« nach- 1970 gedichtet.

deutsche **[6]** 1971: Köln (Kiepenheuer und Witsch). Zum ersten Mal 1971 **Erstausgabe** Veröffentlichung seiner original in Deutsch verfassten Text- der Revision revision. Das Vorwort trägt auch die irreführende Datierung von 1946 »August 1942« der amerikanischen Ausgabe von 1970. – Auf diese Ausgabe *Köln 1971* beziehen sich alle im Text gegebenen Seitenzahlen »(Version) 1946«.

[28]

VERLUST DES REVOLUTIONÄREN SUBJEKTS

36

1848 Die ursprüngliche Überlegung aller (marxistischen) (Staats-)
Kommunisten lautete: Die unweigerlich ihrer Verelendung
entgegensehenden Arbeiter (»Proletarier«) haben notwendig Proletariat
ein Interesse an einer Umgestaltung der gesellschaftlichen Verhältnisse. Die Umgestaltung muss in Richtung der Aufhebung
des Monopols an Produktionsmitteln gehen, sodass sie die Be-
grenzungen überwindet, mit denen die kapitalistische Wirtschaft die Produktion behindert, und auf diese Weise zugleich
auch dafür sorgt, dass nicht Andere als die Produzenten selber
die Früchte ihrer Arbeit genießen.

37

Man sollte realisieren, dass die Erwartung der Kommunisten
hierin bestand: die Produktionsmittel zu vergesellschaften,
würde die Produktion deutlich und erheblich *steigern* sowie Produktions-
die Fortschritts- und Innovationsrate kräftig *erhöhen*. Der steigerung
heute ganze Quatsch heute, der Kapitalismus produziere zu viel und
schüre falsche Bedürfnisse, ist genuin antimarxistisch.

38

1864 Die Kommunisten, sagte die ursprüngliche Strategie, würden
dem Proletariat aufzeigen, dass das Ziel der gesellschaftlichen
Umgestaltung nicht durch sozialdemokratische oder gewerk-
1902 schaftliche (»trade-unionistische«) Reformen zu erreichen sei, Revolution
sondern nur mit einer Revolution gelinge.

39

HEUTE wissen wir, dass nicht Kapitalismus die Produktion Kapitalismus
und die Innovation behindert, vielmehr der (Staats-) Sozialis- Sozialismus
1989 mus; dies führte ja schließlich auch zum Zusammenbruch des

so genannten »realen Sozialismus« in der Sowjetunion und in ihren Satellitenstaaten. Das wusste Reich freilich noch nicht; auch nicht, dass weite Teile der Arbeiterschaft im Kapitalismus zu ungeahntem Wohlstand gelangen. Die Problematik von Armut verlagerte sich aus der Mehrheit der Gesellschaft in ihre Randgruppen. Und dies war etwas, das Reich bereits 1964 analysierte. Denn er beobachtete, dass die Gesellschaft eben nicht in eine Hauptmasse an verarmten Proletariern und eine kleine Gruppe wohllebender Bourgeois zerfiel, sondern dass Mehr- eine starke Mittelschicht sich bildete, die ganz andere Interschichtigkeit essen verfolgte, als für die (kommunistische) Revolution nötig gewesen wären. Hierüber hinaus erkannten, so analysierte Reich, die Arbeiter ihre angeblich objektiven ökonomischen Interessen (die zur Revolution treiben) nicht, sondern verfielen in den Glauben an den Heilsbringer in der Form eines autoritären Staats, sei es der Faschismus, sei es der (Staats-) Kommunismus: Die (kommunistische) Revolution hatte also kein Subjekt (mehr).

40

Vulgär- Der »vulgäre Marxismus behauptete [...], daß wirtschaftliche 1933|46
marxismus Krisen solchen Ausmaßes wie die 1929-1933 *notwendigerweise* zu einer ideologischen Linksentwicklung der betroffenen Massen führen *müsse*. Während sogar noch nach der Niederlage im Januar 1933[17] von einem ›revolutionären Aufschwung‹ in Deutschland gesprochen wurde, zeigte die Wirklichkeit, daß die wirtschaftliche Krise, die der Erwartung nach eine Linksentwicklung der Ideologie der Massen hätte mit sich bringen müssen, zu einer extremen Rechtsentwicklung in der Ideologie der proletarisierten Schichten der Bevölkerung geführt hatte. [...] Man übersah, daß der Faschismus in seinem Ansatz und im Beginne seiner Entwicklung zur Massenbewegung sich

17 Machtübergabe an die NSDAP. *Machtergreifung* ist Selbststilisierung der Nazis als Revolutionäre. *Niederlage* aus Sicht der KPD.

zunächst gegen die Großbourgeoisie richtete und als ›*nur* eine Garde des Finanzkapitals‹ nicht erledigt werden konnte, schon deshalb nicht, weil er eine Massenbewegung war« (1946: S. 30f; 1933 1933: S. 19f, mit der folgenden Abweichung: »Der vulgäre Marxismus, *dessen wesentlichstes Kennzeichen ist, die dialektisch-materialistische Methode praktisch durch Nichtanwendung zu negieren,* musste [...] zur Auffassung gelangen, dass eine wirtschaftliche Krise solchen Ausmasses wie ...«; Hervorhebung durch mich, S. B.).

41

Dies Zitat trifft *Wilhelm Reich at his best* an: Die Einsicht, die objektive wirtschaftliche Lage erzwinge keine subjektive Entwicklung, sondern könne zu einer gegenteiligen Entwicklung 1933|46 führen. »Daß eine scharfe ökonomische Krise ebensogut in   kein die Barbarei wie zur gesellschaftlichen Freiheit führen kann,   Determinismus muß [dem Vulgärmarxismus] ein Buch mit sieben Siegeln bleiben« (1946: S. 37; identisch 1933: S. 28f). Anerkennung, dass Antikapitalismus ein zentrales Anliegen der Nationalsozialisten war. **WARUM** dies so ist, macht Dreh- und Angelpunkt von Wilhelm Reichs »*Massenpsychologie*« aus.

42

1946 Die Auslassung 1946 des originalen Einschubs, Kennzeichen des vulgären Marxismus sei es, die dialektisch-materialistische Methode nicht anzuwenden, zeigt an, dass er sich gar nicht mehr als Marxist verstand. Leider lässt die Auslassung das Verständnis der despektierlichen Anklage, es handele sich um einen vulgären Marxismus, nicht mehr recht entschlüsseln. »Vulgär« war schon bei Karl Marx ein beliebtes Schimpfwort.   Marx Als *Vulgärökonom* galt ihm der, der eine von ihm abweichende Meinung vertrat. Theodor W. Adorno, wie Reich Marxist und   Adorno Freudianer, bot eine inhaltliche Definition an, was ein Vulgär-1956 ökonom sei: »Vulgär-ökonomisches Denken« zeichne sich da-

[31]

durch aus, dass es »den Wert den Waren an sich zuschreibt, anstatt ihn als ein gesellschaftliches Verhältnis zu bestimmen.«[18]
In diesem Sinne ist die klassisch kapitalistische Theorie eines
von Mises Ludwig von Mises gar nicht vulgär, wogegen die bekannten,
angeblich »marxistischen« Klagen über den »Wucher« es sind;
denn »Wucher« ist ein sinnvoller Begriff nur bei der Unterstellung, jemand verlange für etwas mehr, als seinem *objektiven,
vom gesellschaftlichen Verhältnis unabhängigen* Preis entspreche.
Bei Wilhelm Reich scheint »vulgär«, so wir darin mehr lesen
wollen als ein gedankenloses Pejorativ, zu bedeuten, dass eine
marxistische Theorie das gesellschaftliche Geschehen auf reine
Ökonomie reduziere, d. h. sie ist eine materialistische Theorie,
Dialektik welche vergisst, dass die Dialektik erfordert, auch den »Über-
bau« (die Ideologie etc.) ernst zu nehmen. »Der Vulgärmarxis- 1933|46
mus«, definiert Reich, »trennt schematisch das wirtschaftliche
Sein vom allgemeinen gesellschaftlichen Sein überhaupt ab
und behauptet, daß die ›Ideologie‹ und das ›Bewußtsein‹ der
Menschen durch das wirtschaftliche Sein *allein* und *unmittelbar*
bestimmt werde« (1946: S. 36; identisch 1933: S. 27). Aus dem
Original »die dialektisch-materialistische Psychologie kann 1933
nichts anderes sein als die Forschung nach diesem subjektiven
Faktor der Geschichte« (1933: S. 29) wird schlicht: »Unsere 1946
Psychologie kann nichts anderes sein als …« (1946: S. 37).

43

Wilhelm Reichs Distanzierung vom Marxismus zeigt wenig
später sich in einer Hinzufügung. Im Original hieß es noch:
marxistisch Mit der Hinwendung der Massen zum Faschismus habe »die 1933
Entwicklung der Ideologie der Masse in den letzten Jahren
die Entfaltung der Produktivkräfte, die revolutionäre Lösung

18 Theodor W. Adorno, *Zur Metakritik der Erkenntnistheorie* (1956; verfasst
ca. 1934-37), Frankfurt/M. 1970, S. 72. Weder Arbeit noch Knappheit *an sich*
bestimmen nach Mises den Wert einer Ware, sondern ausschließlich die relative
Nachfrage, d. h. eine soziale Interaktion. Adorno hätte es 1956 wissen können,
die »*Nationalökonomie*« (englisch 1949 »*Human Action*«) erschien 1940.

[32]

des Widerspruchs zwischen den Produktivkräften des monopolistischen Kapitalismus und seiner Produktionsweise gehemmt« (1933: S. 22f). 1946 (S. 33) setzt Reich *Entfaltung der Produktivkräfte* sowie *revolutionäre Lösung des Widerspruchs zwischen den Produktivkräften des monopolistischen Kapitalismus und seiner Produktionsweise* in Anführungs = Distanzierungszeichen und erläutert dies mit: »um in marxistischen Begriffen zu sprechen«. Deutlicher kann er es nicht machen, dass es nun nicht mehr *seine* Begriffe seien. Das Kapitel VI der »*Massenpsychologie*« trug 1933 den Titel »Die Kirche als internationale sexualpolitische Organisation des Kapitals« (S. 169); 1946 änderte er ihn ab in »Der organisierte Mystizismus als internationale antisexuelle Organisation« (S. 117).

1946

unmarxistisch

1933
1946

44

Der eigene Weg führte mich in die genau entgegengesetzte Richtung. Immer hatte ich Marxismus abgelehnt als inhärent zum Stalinismus führend, Karl Marx als Intimfeind meines Freiheitshelden Michael Bakunin (1814-1876) – nach dem es in Europa, Walter Benjamin zufolge, keinen radikalen Begriff der Freiheit gegeben habe[19] – abgelehnt und seine Theorie mit persönlichen Defiziten identifiziert. Bis ich nach intensiven Diskussionen mit meinem Freund Pavel Strohner 2014 den ganzen Marx noch einmal *dekonstruktiv* las und bei ihm kaum Etatismus fand.[20]

Bakunin
1929
Benjamin

2014

Marx

45

Anlässlich der Beschreibung der *Massenpsychologie des Kleinbürgertums* (1946: S. 57ff; 1933: S. 65ff) nennt Wilhelm Reich das eigentliche Problem des Parteimarxismus nicht: Dass es

1933|46

19 Walter Benjamin, *Der Sürrealismus* (1929), in: Gesammelte Schriften, Band II.1, Frankfurt/M. 1991, S. 306. Zu Benjamins kaum verhehltem Anarchismus vgl. Stefan Blankertz, *Derrida liest*, Berlin 2018 (edition g. 112), S. 65ff.
20 Vgl. Stefan Blankertz, *Mit Marx gegen Marx*, Berlin 2014 (edition g. 111). Ders., *Anarchokapitalismus: Gegen Gewalt*, Berlin 2015 (edition g. 110), S. 93ff.

Bauern

nämlich die kleinbürgerlichen Massen überhaupt gibt und die Volksmassen nicht aus Proletariat und eventuell noch den verbündeten Bauern bestehen. Wobei Reich eine merkwürdige Verachtung für, ja geradezu einen Hass auf die Bauern schob. Er realisierte offenbar nicht, welch eine anarchische Kraft der Widersetzlichkeit gegen staatliche Herrschaft in der bäuerlichen Existenz ruht,[21] ja geradezu der Keim seiner »Arbeitsdemokratie«, d.h. Probleme des Lebens werden in direktem Kontakt mit der Natur und miteinander gelöst und nicht durch Verfahren, Strukturen, Organisationen, Institutionen, Regelwerke, Anwälte, Beamte, Kommissionen, Subventionen und was die trügerischen Hilfsmittel des städtischen Lebens auch sein mögen. Es findet sich dann in der Version von 1946 ungelogen **EINE** einzige Stelle in der »*Massenpsychologie*«, wo das Wort »Bauer« nicht pejorativ gebraucht wird, bei der Aufzählung »ein Arzt oder ein Techniker, Erzieher oder Bauer in Amerika, Indien, Deutschland oder wo auch immer sonst er sein möge« habe mit seiner »lebensnotwendigen Arbeit [...] für den Gang des Lebensprozesses unendlich mehr« geleistet, »als die gesamte Komintern [Kommunistische Internationale] seit 1923 auch nur annähernd geleistet hat« (nur 1946: S. 340).

1946

1923

46

Bauern und Familie

»In der innigen Verflochtenheit von Familie und Wirtschaft liegt die Lösung der Frage, warum das Bauerntum ›erdgebunden‹, ›traditionell‹ und darum der politischen Reaktion so leicht zugänglich ist« (1946: S. 64; 1933 identisch: S. 77f). Die anarchistischen Tendenzen spanischer Bauern mögen ihm unbekannt gewesen sein, die der Bauern in der Ukraine mag er verblendet der Konterrevolution zugeordnet haben. Der Weg aus dem Partei- und Staats-Kommunismus heraus war für Reich wohl schwerer und schmerzlicher als der hinein.

1933|46

1936ff

1918ff

21 Zur politischen Dialektik bäuerlicher Existenz vgl. Michael Bakunin, *Unterschied ist Leben, Harmonie der Tod: Ein Brief 1872*, Berlin 2020 (edition g. 117).

47

1933|46 »Sofern Arbeiter [Original 1933: *Proletarier*] aus dem Dorfe Dorf
der Stadt zugewandert sind, brachten sie noch frische bäuer- versus Stadt
lich-familiäre Ideologie mit, die […] den besten Nährboden für
die imperialistisch-nationalistische Ideologie darstellt« (1946:
S. 81f; 1933: S. 109). Hier ist tatsächlich ein sozialhistorisches
Fragezeichen angebracht. Die Bauernschaft soll meinetwegen
konservativ gesinnt sein, zum Schlechten (restriktive Sexualmoral) wie zum Guten (Feindschaft gegenüber den städtischen
Organisationsübergriffen); somit wäre sie dafür prädestiniert,
genuin antiimperialistisch zu sein. Sozial neigt sie zur Abwehr
der Vermischung mit dem Fremden, ökonomisch ist sie eher
auf Autarkie als internationalen Handel ausgerichtet, ja fast
eher noch regional (»lokalpatriotisch«) als national orientiert.

48

Parallel zu seiner Unfähigkeit, in der Bauernschaft neben dem
reaktionären Element auch die konservative Widersetzlichkeit gegen die zentralisierte Staatsgewalt zu erblicken, hat
Wilhelm Reich nie realisiert, wie die Familie nicht bloß Hort Familie
der Sexualfeindlichkeit ist, sondern auch Rückzug aus der
durchherrschten Großgesellschaft sein kann.[22] Das gleiche gilt
für das Thema Religion.[23] Sie ist für ihn richtigerweise eine Religion
wesentliche Stütze der Herrschaft, jedoch wäre da eben auch
Motivation, gegen sie zu opponieren. Vom Dialektiker erwarte
ich, dass er fähig ist, diese Widersprüche einzuräumen.

49

1946 Wer »im lebendigen Leben der Menschen stand und wirkte,
wer Menschen jeden Berufs in verschiedenen Nationen ärzt-
lich und erzieherisch genau kennengelernt hatte, der geriet
nicht leicht in die Fänge politischer Schlagworte. Besonders

22 Siehe unten §§ 140-148 (S. 94-98).
23 Siehe unten §§ 166-169 (S. 105f).

Lob des
Unpolitischen

gut waren diejenigen dran, die von jeher ›unpolitisch‹ gewesen
waren und nur nach Erfüllung ihres Arbeitslebens gestrebt
hatten. Gerade diese ›unpolitischen‹ und nur von Arbeit erfüll-
ten Kreise in Europa waren den so entscheidenden sozialen
Einsichten zugänglich. Wer dagegen einmal mit irgendeinem
Parteiapparat wirtschaftlich und ideologisch verschmolzen
war, der [...] wehrte sich in der Regel mit irrationalem Haß
gegen jeden Versuch, die grundsätzlich neue Erscheinung des
autoritären, ›totalitären‹, diktatorischen Regimes begreiflich
zu machen« (nur 1946: S. 196).

50

Tadel des
Unpolitischen

1933 hatte Reich dies noch genau umgekehrt analysiert und
den »unpolitischen Menschen« zum Faschisten *par excellence*
erklärt: Hitler begründete »seine Macht nicht nur von vorn- 1933
herein mit bis dahin wesentlich weniger politisierten[24] Massen
[...], sondern [führte] auch seinen letzten Schritt zum Siege
im März 1933 durch Mobilisierung von nicht weniger als
5 Millionen bisheriger Nichtwähler, also Unpolitischer, ›legal‹
durch [...]. [...] Je unpolitischer ein Mensch aus der grossen
Masse der Werktätigen ist, desto leichter wird er der Ideologie
der politischen Reaktion zugänglich sein. [... Bei der Mehr-
zahl] beruht das Unpolitischsein[25] auf völligem Eingefangen-
sein in persönlichen Konflikten und Sorgen, unter denen die
sexuellen Sorgen die der Existenz nicht zu politischer Kon-
sequenz ausreifen lassen. [...] Der Kommunismus[26] missver-
stand bisher diese Situation und versuchte den unpolitischen[27]
Menschen dadurch zu politisieren, dass er ihm nur seine wirtschaftlichen Interessen, die unerfüllt bleiben, zum Bewusstsein
zu bringen suchte. Die Praxis lehrte, dass die Masse dieser Un-

24 1946: ... wesentlich *unpolitischen* Massen ... (Bloß stilistische Korrektur?)
25 1946: ... beruht *die soziale Verantwortungslosigkeit auf persönlichen Konflikten
und Sorgen, bei denen die sexuellen Sorgen überwiegen.*
26 1946: *Die revolutionäre Bewegung* ... Welch eine Bewegung meint er damit?
27 1946: In Anführungs- (Distanzierungs-?) Zeichen.

politischen[28] kaum zum Hinhören zu bringen ist, sich aber leicht den mystischen Phrasen eines Nationalsozialisten zuzuwenden vermag, ohne dass dieser allzu viel über die wirtschaftlichen Interessen spricht. Wie erklärt sich das? Daraus, dass die schweren sexuellen Konflikte (im weitesten Sinne), gleichgültig ob bewusst oder unbewusst, das rationale Denken in der Richtung des durchaus rationalen Marxismus[29] hemmen, den Betreffenden unfähig und ängstlich machen, ihn in seine seelischen Eingeweide verstricken.[30] Begegnet er nun einem mit den Mitteln der Gläubigkeit und Mystik, also mit sexuellen, libidinösen Mitteln arbeitenden Faschisten, so wendet er ihm seine Interessen restlos zu, nicht weil ihm das nationalsozialistische Programm mehr imponiert als das kommunistische,[31] sondern weil er in der Hingabe an den Führer und seine Ideologie eine momentane Entlastung seiner ständigen inneren Spannung erfährt, weil er seinen Konflikt dadurch unbewusst in eine andere Form bringen und dadurch lösen kann; ja, das befähigt ihn, gelegentlich im Faschisten den Kommunisten,[32] in Hitler den deutschen *Lenin* zu sehen« (1933: S. 271 ff; 1946: Hitler, Lenin
1946 S. 186f). Dass Reich dies 1946 nur *linkisch* verschleierte, lässt uns mit einem Fragezeichen zurück: Sind die »unpolitischen« Menschen nun Hort der Reaktion oder Quelle der Hoffnung?

51

1946 »Es war ja gerade die Nicht-Unterscheidung von Arbeit und Arbeit
Politik, von Wirklichkeit und Illusion; es war gerade der Irr- versus Politik
tum, die Politik als eine rationale menschliche Tätigkeit wie etwa das Säen oder Bauen aufzufassen, die daran schuld waren, daß ein verunglückter Malerlehrling [Hitler] eine ganze Welt ins Unglück stoßen konnte. Und es ist ein betonter Haupt-

28 1946: In Anführungs- (Distanzierungs-?) Zeichen.
29 1946: ... Denken *und die Entwicklung sozialer Verantwortlichkeit* hemmen, ...
30 1946: ... machen, *ihn einkapseln.* (Bloß stilistische Korrektur?)
31 1946: ... *freiheitliche,* ... (Auf das Programm von wem bezieht er sich hier?)
32 1946: ... den *Revolutionär,* ...

zweck dieses Buches, das nicht zum Vergnügen geschrieben ist, diesen katastrophalen Irrtum im menschlichen Denken nachzuweisen und den Irrationalismus der Politik auszuschalten. Es ist eben ein wesentliches Stück unserer sozialen Tragödie, daß die Bauernschaft, die Industriearbeiterschaft, die Ärzteschaft etc. das soziale Sein nicht ausschließlich durch ihre sozialen Betätigungen, sondern daneben und sogar vorwiegend durch politische Ideologien beeinflussen. Denn die politische Tätigkeit behindert die sachlich-fachliche, zersplittert jede Berufsfachschaft in einander befehdende ideologische Gruppen, zerklüftet die Industriearbeiterschaft, schränkt die Tätigkeit der Ärzteschaft ein und schädigt die Kranken, kurz, es ist gerade die politische Betätigung, die genau das verhindert, was sie zu erzielen vorgibt: Frieden, Arbeit, Lebenssicherheit, internationale Kooperation, freie, sachliche Meinungsäußerung, Freiheit des Glaubens etc. etc.« (nur 1946: S. 346). Die antipolitische Stoßrichtung des Denkens von Wilhelm Reich, das sich in der Version von 1946 der »*Massenpsychologie*« Bahn

Politisierung bricht, ist gegen das Zentrum der Politisierung gerichtet, das 1968 das Verhängnis der Politisierungs-Strategie der 1968er ausmacht und bis heute anhält, nun aber nicht in der Gestalt eines oppositionellen Anliegens, vielmehr einer Forderung des links- heute *konservativen* Establishments entspricht.

52

Klassen- »Der durchschnittliche Beamte ist wirtschaftlich schlechter 1933|46
analyse gestellt als der durchschnittliche gelernte Industriearbeiter; die schlechtere Stellung wird zum Teil wettgemacht durch die geringfügige Aussicht auf Karriere, vor allem aber beim Staatsbeamten durch die lebenslängliche Versorgung. Derart von der obrigkeitlichen Autorität abhängig, bildet sich auch in dieser Schichte eine psychologische Konkurrenzhaltung gegenüber den Kollegen heraus, die der Entwicklung der Klassensolidarität entgegenwirkt. Das soziale Bewußtsein des Beamten ist

[38]

nicht gekennzeichnet durch das Bewußtsein der Schicksals-
gemeinschaft mit seinen Arbeitskollegen, sondern durch seine
Stellung zur staatlichen Obrigkeit und zur ›Nation‹. Diese
besteht in einer völligen *Identifizierung mit der Staatsmacht*«
(1946: S. 62; identisch 1933: S. 74f). Dies ist eine Bankrott-
erklärung der herrschenden Lesart des Marxismus, nach der
die sozioökonomischen Parameter, vor allem das Einkommen,
über das Klassenbewusstsein entscheiden. Schicht und Klasse
sind aber – (auch nach Marx!) – zu unterscheiden. Klassenbewusstsein bildet sich anhand der Relation zur Staatsgewalt,
ist Funktion der politischen, nicht der sozialen Ökonomie.[33]

Schicht versus Klasse

53

Eine wesentlich überarbeitete Passage macht Wilhelm Reichs
gewandeltes Denken bezüglich der Klassenstruktur deutlich.
Fassung 1933 (S. 99), noch voll im Pathos des Bolschewismus:
»Der klassenbewusste Arbeiter [… ist …] mit *seiner* Klasse
statt mit dem Führer, mit der *internationalen* werktätigen
Masse statt mit der nationalen Heimat identifiziert. Er fühlt
sich selbst als Führer, nicht aufgrund einer Identifizierung,
sondern aufgrund dieses Bewusstseins, der notwendigerweise
aufsteigenden Klasse anzugehören.« Doch in der Fassung von
1946 (S. 76) klingt das durch die Veränderung einiger Worte
nun ganz anders: »Der fachbewußt Arbeitende [… ist …] mit
seiner Arbeit statt mit dem Führer, mit der internationalen
werktätigen Menschenmasse statt mit der nationalen Heimat
identifiziert. *Er fühlt sich selbst als Führer*, nicht aufgrund einer
Identifizierung, sondern aufgrund des Bewußtseins, lebens-
notwendige Arbeit zu leisten.« Aus dem »klassenbewussten
Arbeiter« ist nun der »fachbewußt Arbeitende« geworden; er
identifiziert sich nicht mehr mit der kommenden herrschenden »Klasse«, sondern mit seiner eigenen Arbeit.

1933

*Klassen-
bewusstsein*

1946

*Fach-
bewusstsein*

33 Vgl. Stefan Blankertz, *Das libertäre Manifest*, Berlin 2015 (edition g. 104).
Ursprünglich 2001 erschienen. Inzwischen kräftig bearbeitet-weiterentwickelt.

54

Zwei Hinzufügungen 1946 in den weiteren Text lassen das
ganze Ausmaß der Wandlung des Fokus hervortreten: »Das   1946
Selbstgefühl des Arbeiters leitet sich aus Facharbeiterbewußt-
sein ab« (S. 76). Das Facharbeiterbewusstsein lenkt nun nicht
mehr ab von der Identifizierung mit der homogenen Arbeiter-
klasse, sondern ist Bewusstsein, aufgrund eigener Kompetenz
wichtige Arbeit zu leisten, stärkt das Gefühl der Autonomie,
das keine Unter- und Einordnung in hierarchisch geführte
Massen erfordert. »Wir unterscheiden den fachbewußten, ver-   1946
antwortungsvollen Arbeiter vom mystisch-nationalistisch reaktionären Untertan. Wir treffen beide Typen in jeder sozialen
und fachlichen Schicht [sic] an. Es gibt Millionen reaktionär
gesinnter Industriearbeiter, und es gibt ebenso viele arbeits-
bewußte, freiheitlich gesinnte Lehrer und Ärzte« (1946: S. 76f;
warum er hier die *Bauern* nicht einschloss, bleibt im Dunkeln).

55

Goodman   Diese Passage findet ihr unmittelbares Echo bei Paul Good-   1972
Anarchismus   man.[34] So: »Für mich ist das Hauptprinzip des Anarchismus
Autonomie   nicht Freiheit, sondern Autonomie. Da etwas zum Laufen zu
bringen und es auf meine Weise zu tun, und ein Künstler an

34 Paul Goodman, *Nur ein altmodisches Liebeslied* (1972), in: H. P. Duerr, *Unter
dem Pflaster liegt der Strand*, Band 1, Berlin 1974, S. 136f. Ein kurzer Essay, der
zu dem Letzten gehört, was Goodman geschrieben hat, und der die Erfahrung
des Lebens eines Anarchisten und Gestalttherapeuten in sich birgt. Meine
eigene Theorieentwicklung verstehe ich in gewissem Sinne als eine Ausarbeitung
dieser Leitlinie, die ihrerseits eine Paraphrase der Überlegungen Wilhelm Reichs
zur »Arbeitsdemokratie« (in der Version der »*Massenpsychologie*« von 1946)
darstellt. Warum der amerikanische Herausgeber den wunderschönen Titel
»*Only an Old Fashioned Love Song*« in schnödes »*Freedom and Autonomy*« ab-
änderte, ist mir unerfindlich. Paul Goodman, *Drawing the Line Once Again:
Paul Goodman's Anarchist Writings*, hg. v. Taylor Stoehr, Oakland 2010, S. 58f:
»To me, the chief principle of anarchism is not freedom but autonomy. Since to
initiate and to do it my way, and be an artist with concrete matter, is the kind of
experience I like, I am restive about being given orders by external authorities,
who don't concretely know the problem or the available means. Mostly, behavior
is more graceful, forceful, and discriminating without the intervention of top-

konkretem Material zu sein, die Art von Erfahrung ist, die ich mag, bin ich unwillig gegenüber Befehlen äußerer Autoritäten, die nicht genau das Problem kennen oder die Mittel, die man zur Verfügung hat. In den meisten Fällen ist das, was man tut, formgerechter, schwungvoller und feinsinniger ohne die Einmischung von top-down-Autoritäten, sind dies nun der Staat, das Kollektiv, die Demokratie, eine korporierte Bürokratie, Gefängniswärter, Dekane, schon ausgefertigte Curricula oder eine zentrale Planung. [...] Um eine anarchistische Revolution zu machen, wollte sich Bakunin in jenen frühen Tagen aus- Bakunin
gesprochen auf die Ausgestoßenen, Verbrecher, Prostituierten, Sträflinge, entwurzelten Bauern verlassen,[35] auf diejenigen, die nichts zu verlieren hatten, nicht einmal ihre Ketten. [...] Die Leidenschaft unterdrückter Menschen, die eine Sehnsucht nach der Freiheit haben, schließt auch ein, daß sie nicht wissen, was sie tun sollen, wenn sie in die Freiheit ausbrechen. Da sie nie autonom waren, wissen sie nicht, wie's weitergehen soll. [...] Die einzige erfolgreiche Befreiungsbewegung, die
1776 mir einfällt, war die Amerikanische Revolution, weitgehend Amerikanische
von Handwerkern, Farmern, Kaufleuten und freiberuflichen Revolution
Akademikern getragen, denen es um ihre laufenden Angelegenheiten ging, die Einmischungen los werden wollten. [...] Die

down authorities, whether State, collective, democracy, corporate bureaucracy, prison wards, deans, pre-arranged curricula, or central planning. [...] To make an anarchist revolution, Bakunin wanted, in his early period, to rely precisely on the outcasts, delinquents, prostitutes, convicts, displaced peasants, lumpen proletarians, those who had nothing to lose, not even their chains. [...] The pathos of oppressed people lusting for freedom is that, if they break free, they don't know what to do. Not having been autonomous, they do not know how to go about it. [...] The only achieved liberation movement that I can think of was the American Revolution, made largely by artisans, farmers, merchants, and professionals who had going concerns to begin with and wanted to get rid of interference. [...] The Catalonian revolution during the Spanish Civil War could have gone well, for the same reason, but the Fascists and Communists did them in. Anarchy requires competence and self-confidence, the sentiment that the world is *for* one.«
35 In der Aufzählung fehlt *lumpen proletarians*, »Lumpenproletarier«. Goodman selber bezeichnete sich gern als *lumpen bourgeois*.

Revolution in katalanische Revolution während des Spanischen Bürgerkriegs 1936
Katalonien hätte aus den gleichen Gründen gut gehen können, aber die
Faschisten und die Kommunisten verrieten sie. Die Anarchie
verlangt Kompetenz und Selbstvertrauen, das Gefühl, daß die
Welt *für* einen da ist.« Diesen Essay würde ich hier gern vollständig zitieren, wenn es denn ginge. Wort für Wort ist er Leitlinie meines Denkens; auch an der kongenialen Übersetzung
von Hans-Peter Duerr würde ich nicht ein Jota ändern wollen.
Ihre Melodie begleitet mich, seit ich sie das erste Mal gelesen 1974
habe. War es 1974? Vermutlich keinen Tag später.

56

Gestalttherapie Goodmans Intention bei der Entwicklung der Gestalttherapie 1951
war es, die Einsichten, die er aus eigener Anschauung und aus
der Lektüre von Wilhelm Reich gezogen hatte, in ein Programm umzusetzen: Vor der Revolution, der Umgestaltung der
Gesellschaft in die ebenso selbstbewusste wie selbstbestimmte
community und der Überwindung der Staatsgewalt, musste es
gelingen, das Autonomiebewusstsein der Leute zu stärken sowie deren Ängstlichkeit zu überwinden, die am Geradestehen
für sich selbst hindert. Am besten jetzt, sofort. Individuell. Und
in jeder erreichbaren Gruppe. Nur wenn die neu gewonnene
Autonomie und das, was in ihrem Feld entsteht, gegen die Ein-
griffe der Staatsgewalt geschützt werden müssen, wird aus einer
hilflosen Rebellion, ohnmächtigen Wut, einem sinnlosem Auf-
begehren ein revolutionärer Impuls. Die 1960er, in den USA 1964
eher 1964 als 1968,[36] waren Anfang und Hoffnung für ihn, eine 1968
Probe; schon 1972 jedoch, kurz vor seinem Tod, realisierte er, 1972
dass auch dies nur eine Rebellion geblieben war. Aber ein Beginnen, das nach Wiederholung schreit, denn die Staatsgewalt
ist am Werk, die letzten freien Felder zu kolonialisieren.

36 Vgl. Paul Goodman, *Die Schwarze Fahne des Anarchismus* (1968), in: ders.,
Einmischung: ein Reader, übersetzt und herausgegeben von Stefan Blankertz,
Bergisch Gladbach 2011, S. 97ff. Erstmals hatte ich den Essay 1978 übersetzt.

Auch auf dieses Bild stößt man, warum wohl?, wenn man nach Wilhelm Reich googelt; Foto: *Profit home papeng*, 29. 12. 2013, CC-BY 2.0, *via* flickr. Sawanang Wasserfall, Shangpung, Meghalaya, Indien. creativecommons.org/licenses/by/2.0/

Zum Polarlicht hatte Wilhelm Reich auch (s?)eine Theorie; es werde *durch das orgonotische Leuchten an der Peripherie der Orgonhülle um den Planeten Erde erzeugt.* United States Air Force photo by Senior Airman Joshua Strang. Gemeinfrei laut Wikipedia.　　　　en.wikipedia.org/wiki/File:Polarlicht_2.jpg

VERLUST DER REVOLUTIONÄREN PARTEI

57

Ohne revolutionäres Subjekt, was wird aus der revolutionären Partei? Sie müsste sich um ein neues revolutionäres Subjekt kümmern, fragen, wer Träger einer Revolution sein könnte, die zu Freiheit, Frohsinn und Frieden führt. Das aber taten die kommunistischen Parteien gerade nicht. Sie hielten an ihren Machtergreifungsfantasien fest und wurden damit zu genuin faschistischen Parteien. Die Analyse dieser Transformation ist **Transformation** ein Meisterwerk von Wilhelm Reich, aber sicherlich auch der Aspekt, der seine Verfolgung durch die (bolschewistischen) (Staats-) Kommunisten befeuerte.

58

1946 »Die Unkenntnis der charakterlichen Struktur der Menschenmassen ergibt immer wieder unproduktive Fragestellungen. Die Kommunisten erklärten z. B. die Machtergreifung durch den Faschismus aus der irreführenden Politik der Sozialdemo- **Sozial-** kraten. Diese Erklärung führte im Grunde in eine Sackgasse, **demokratie** denn es war ja eben ein Wesenszug der Sozialdemokratie, Illusionen zu verbreiten. Diese Erklärung ergibt also keine neue Praxis. Ebenso unproduktiv ist die Erklärung, die politische Reaktion hätte in Gestalt des Faschismus die Massen ›vernebelt‹, ›verführt‹ und ›hypnotisiert‹. Das ist und bleibt [?!] **Verführungs-** die Funktion des Faschismus, solange er existiert. Solche Er- **these** klärungen sind unproduktiv, weil sie keinen Ausweg ergeben. Die Erfahrung lehrt [wen?], daß die tausendfältige Enthüllung solcher Art die Massen nicht überzeugt, daß also die sozial-ökonomische Fragestellung allein nicht genügt« (1946: S. 41). Aber wie hatte er das 1933 ausgedrückt?, jedenfalls so, dass die getroffenen Hunde jaulten. Sie rotteten sich zusammen, um in ihrer Niederlage wenigstens den Renegaten zu zerfleischen.

[45]

59

1933 ein wenig anders: »Die Ablehnung der psychologischen 1933
Beobachtung und Praxis in der proletarischen Politik ergab bisher in den Diskussionen eine unproduktive politische Fragestellung. Die Kommunisten erklärten z. B. die Machtergreifung
durch den Faschismus aus der illusionären, irreführenden Politik der Sozialdemokratie. Diese Erklärung führt im Grunde
in eine Sackgasse, denn es ist ja eben die Funktion der Sozial-
Kapitalismus demokratie, als objektive Stütze des Kapitalismus, Illusionen
zu verbreiten. Das wird sie immer tun, solange sie besteht.
Diese Erklärung ergibt keine neue Praxis. Ebenso unproduktiv
ist die Erklärung, die politische Reaktion hätte in Gestalt des
Faschismus die Massen ›vernebelt‹, ›verführt‹ und ›hypnotisiert‹. Das ist und bleibt die Funktion des Faschismus, solange er existiert. Es ist unproduktiv, weil es keinen Ausweg
zeigt, die Politik nur auf die objektive Funktion einer kapitalistischen Partei, nämlich Stütze der kapitalistischen Herrschaft
zu sein, zu begründen. Man muss natürlich die objektive Funktion der Sozialdemokratie und des Faschismus enthüllen. Die
Erfahrung lehrt, ...« (1933: S. 35 f).

60

Verführungs- »*Vernebeln*«, »*verführen*«, »*hypnotisieren*« – sind die Vokabeln, heute
these, welche die bürgerliche Geschichtsschreibung auch nach dem
reloaded zweiten Weltkrieg vor allem in Westdeutschland bemühte, um
den Erfolg des Nationalsozialismus zu beschreiben, nein, den
Erfolg A. Hitlers.[37] Ihr zufolge sollten es drei Reduktionen
sein, dem Volk einzubläuen: 1. Es war nur Hitler. 2. Es war
nur Verführung. 3. Es gab weder ökonomische noch psychologische Gründe dafür, dass der Nationalsozialismus gesiegt
hatte – kein Versagen der Demokratie und kein Versagen des
Staats, der mit seinen Interventionen in das freie Handeln die

37 Das A. steht, natürlich, für A****loch, niemals zu vergessen. J. Stalins Vor-
name dagegen wäre sakrosankt.

Probleme schuf, aus denen die Menschen heraus sich einen Führer wünschten, der Licht ins Dunkel bringe (und ins tiefe Dunkel führte).

61

1933|46 Kurz und klar: Dass die »Massenorganisierung gelang, lag an den Massen und nicht an Hitler« (1946: S. 57; identisch 1933: S. 64). A. Hitler ist nicht die Ursache des Nationalsozialismus und Autor seines Sieges, sondern nur dessen Ausdruck. Ist das so schwer zu verstehen? Nein. Aber diejenigen, die das System bewahren wollen, das den Nationalsozialismus hervorbrachte, wollen es nicht hören, nicht wahrhaben.

Soziologie

Politik

62

Doch auch Wilhelm Reichs Worten eignet eine Verwirrung.

1946 Zwar hat er 1946 die ärgsten Pejorative gegen den Kapitalismus entfernt, dennoch bleibt seine Fixierung auf die »erfolgreiche« Praxis bestehen. Gemessen an dieser Fixierung allerdings müssten wir *seine* Theorie ebenfalls ablehnen, denn auch sie hat keinen Ausweg gefunden und zu keiner neuen Praxis geführt, die wahrhaft die Freiheit brachte. In den USA wurde

1956 er verfemt, sein Labor durch die Staatsterroristen der FDA[38] zerschlagen, sein Andenken, abgesehen von dem kurzen Auf-

1968 glimmen in den 1960er Jahren, ist vergessen, überantwortet den Esoterikern und den Okkultisten, die den Naturwissenschaftler verhöhnen. Und keine neue Praxis, nirgends. Stattdessen neuer Faschismus, welcher sich als Freiheitskampf aufspielen kann, weil die herrschende linke Praxis die Worte der Emanzipation und sexuellen Befreiung okkupiert hat, um sie

heute in ihr Gegenteil zu verkehren. Das *Prinzip* der FDA ist heute in aller Munde: Das behauptete Recht der Staatsgewalt, die Bürger zu ihrem besten zu bevormunden. A. Hitler, Stalin, …

FDA

negative Dialektik

38 Food and Drug Administration. Ob als die drei Buchstaben oder ausbuchstabiert, es ist die Organisation, die mir Brechreiz verursacht.

[47]

63

»Es ist [...] irreführend, wenn man den Hitlerischen Erfolg allein aus der Demagogie der Nationalsozialisten, mit der ›Vernebelung der Massen‹, ihrer ›Irreführung‹ oder gar mit dem vagen, nichtssagenden Begriff der ›Nazipsychose‹ zu erklären versuchte, wie die Kommunisten und später andere Politiker es taten. Kommt es doch gerade darauf an zu begreifen, weshalb sich die Massen *der Irreführung, Vernebelung und psychotischen Situation zugänglich erwiesen.* Ohne die genaue Kenntnis dessen, *was in den Massen vorgeht,* kann man das Problem nicht lösen. Die Angabe der reaktionären Rolle der Hitler-Bewegung genügt nicht. Denn der Massenerfolg der NSDAP widersprach dieser ihrer reaktionären Rolle. Millionenmassen bejahten ihre eigene Unterdrückung, ein Widerspruch, der nur massenpsychologisch, und nicht politisch oder ökonomisch, zu lösen ist« (1946: S. 53; 1933: statt »wie die Kommunisten und später andere Politiker es taten« *wie sogar Kommunisten es vielfach taten, S. 58f*).

Demagogie? (margin)

1933 (margin)
1946 (margin)
1933 (margin)

64

Vorsichtig tastend arbeitet Wilhelm Reich aus dem parteikommunistischen Paradenigma sich hinaus. Wenn einerseits die Parteikommunisten darauf bestehen, alle Gesellschaft ausschließlich aus den ökonomischen Interessen zu erklären, andererseits angesichts von solchen sozialen Entwicklungen, die ihren Voraussagen entgegenlaufen, auf Irreführung und Vernebelung zurückgreifen, tut sich klarerweise ein Widerspruch auf. Wie wenig *Irreführung* und *Vernebelung* auch erklären mögen, sie sind auf jeden Fall psychologische und keine ökonomischen Kategorien. Was Reich nicht realisiert, weil er seinen mitgebrachten Antikapitalismus kaum zu überwinden weiß, ist, dass die Massen ein durchaus ökonomisches Interesse an die staatliche Herrschaft bindet: Sie hängen der Illusion an, dass der Staat ihnen helfen kann, den Unwägbarkeiten des

Interessen (margin)

Marktes zu entkommen; Unwägbarkeiten, die zumindest teilweise ihrerseits Folgen staatlicher Interventionen sind. Und selbst Reich kann sich dieser Illusion nicht völlig entziehen, wie 1933 seine Huldigung an Otto Strasser als *klugen, ehrlichen* und denkenden Revolutionär zeigt.[39] Vielmehr ist der Antikapitalist in jeder Form und Farbe der Konterrevolutionär *par excellence.*

Otto Strasser

65

1933|46 Frage. »*Weshalb lassen sich die Massen politisch beschwindeln?* Sie hatten alle Möglichkeiten, die Propaganda der verschiedenen Parteien zu beurteilen. Weshalb entdeckten sie nicht etwa, daß Hitler den Arbeitern Enteignung des Besitzes an Produktionsmitteln und den Kapitalisten Schutz vor Enteignung [1933: *Streiks*] gleichzeitig versprach?« (1946: S. 54; 1933: S. 59.) Darum, *weil* es die Struktur der staatlichen Politik ausmacht zu behaupten, im Schnittpunkt der widerstreitenden Interessen das Optimum des Allgemeinwohls realisieren zu können, und zwar dieses Allgemeinwohl mit Gewalt herzustellen, was den freiwilligen Interaktionen zwischen Menschen nicht gelingen sollte. Wilhelm Reich war dabei, es zu realisieren, wie sein Begriff der »Arbeitsdemokratie« zeigt, mit dessen Darstellung er die Neubearbeitung der »*Massenpsychologie*« beschließt. Dennoch drang das Bewusstsein über diese Erkenntnis nicht so weit, dass er Stellen wie jene hinreichend zu überarbeiten verstand. Vielmehr mühte er sich ab, die Ursachen für die Katastrophe der Massenpsychologie tausende von Jahren in die graue Vorzeit der Menschheit zu datieren und damit kaum fassbar und noch weniger änderbar erscheinen zu lassen. Ich kann mir gut vorstellen, dass der Wahn einen ergreift, falls man versucht, mehrere tausend Jahre Geschichte zu korrigieren, um nicht einfach mal einen anderen Ansatz zu versuchen, als er in den letzten Jahrzehnten vorherrschte: Freiwilligkeit statt

Politik

Ursachen

39 Siehe unten §§ 83-85 (S. 59ff). Es geht nicht um die Person, vielmehr darum, ob er der »weniger schlimme Diktator« hätte sein können.

Goodman Staatsgewalt. Paul Goodman hatte versucht, ihm diesen Ge- 1946!
danken nahe zu bringen, wie ungeschickt und ungestüm er hier-
bei auch vorgegangen sein mag; jedenfalls war ihm kein Erfolg
mehr beschieden.[40]

66

»*Enttäuschung an der Sozialdemokratie bei gleichzeitig wirken-* 1946
dem Widerspruch zwischen Verelendung und konservativem
Denken muß ins Lager des Faschismus führen, wenn es keine revolutionäre Organisation gibt« (1946: S. 84; 1933: »wenn die
revolutionäre Partei schwere Fehler begeht«, S. 113). 1933 be- 1933
ging die Partei noch »schwere Fehler«, 1946 gab es sie (rück-
Bankrott wirkend betrachtet) gar nicht. Das ist der Bankrott des Staatskommunismus als der revolutionären Partei. Es gibt sie ... die
»revolutionäre« *Partei ... nicht. Es gab sie auch niemals.*

67

Dennoch muss »die internationale revolutionäre Bewegung«
Rebellion wie Reich fordert, berücksichtigen, dass der Faschismus die
ohne »›Rebellion gegen das System‹ für seine eigenen Zwecke aus- 1933|46
Subjekt nützen« könne (1946: S. 84; identisch 1933: S. 114).[41] **ABER**
wer konstituiert die internationale revolutionäre Bewegung,
wenn Sozialdemokraten, Kommunisten (Bolschewisten), die
I., II. und III. Internationale (die IV. wollen wir gar nicht erst
in Betracht ziehen) ausfallen, entweder mangels Masse oder
mangels revolutionärem Impetus?

68

Ein »Lebewesen wird natürlicherweise die Ursachen der Kata- 1946
strophe, in die es geraten ist, zu entdecken und zu beseitige ver-

40 Vgl. unten S. 61, Fn. 52.
41 Vgl. ähnlich und zur gleichen Zeit Max Horkheimer / Theodor W. Adorno,
Dialektik der Aufklärung (1944), zit. n. Frankfurt/M. 1980, S. 166: »Der Faschismus ist totalitär auch darin, daß er die Rebellion der unterdrückten Natur gegen
die Herrschaft unmittelbar der Herrschaft nutzbar zu machen strebt.«

suchen. Es wird nicht Handlungen wiederholen, die eben die-
selbe Katastrophe herbeigeführt haben. Das liegt im Wesen der
Bewältigung von Unglück durch Erfahrung. Unsere Politiker
sind von solchen Reaktionen weit entfernt. Man darf ruhig
behaupten, daß es im Wesen des Politikertums liegt, aus Er-
fahrungen nicht zu lernen« (nur 1946: S. 190). Genau dies
ist das Verfahren der offiziellen Politik mit ihren Lippen-   Lippen-
bekenntnissen. Rituell wird das Böse des Nazi-Regimes be-   bekenntnisse
sungen und das Loblied auf den Widerstand angestimmt, um
zu folgern, man müsse weitermachen wie bisher und alle, die
dem Bestehenden Widerstand oder auch nur Widerspruch
entgegensetzen, seien *per se* Faschisten. Ist *das* »links«?

69

1946 »Wenn es um einen Kopernikus[42] geht, dann ist man mit dem
Scheiterhaufen parat. Wenn es aber um einen Politikanten
geht, der einer Erdbevölkerung den unglaublichsten Unsinn als
1940 wahr vorgibt und im Jahre 1940 genau das Gegenteil von dem
1939 für wahr hinstellt, was er im Jahre 1939 für wahr hinstellte, dann
geraten Millionen in Begeisterung und erklären, ein Wunder
sei geschehen« (nur 1946: S. 191). Über Stalin macht man sich   Stalin
bestenfalls lustig, er ist nicht der schlechthin Böse wie Adolf
Hitler, wenn es um Stalins Schlitzohrigkeit geht, was seinen
genialen Schachzug mit dem Pakt angeht. Die Verheerungen,
die er damals in der internationalen revolutionären Bewegung
angerichtet hatte, sind seinen heutigen bürgerlichen heim-
lichen Verehrern entweder unbekannt oder gleichgültig. Es ist
genauso möglich, diese Worte Wilhelm Reichs nicht auf Stalin
und seinen Pakt mit Hitler zu beziehen, sondern auf Franklin
1940 D. Roosevelt, den amerikanischen Präsidenten, der 1940 einen   Roosevelt

42 Nikolaus Kopernikus (1473-1543) blieb zeitlebens allerdings unbehelligt.
Gemeint sein könnten Giordano Bruno (1548-1600), der tatsächlich auf dem
Scheiterhaufen endete (erst im Jahr 2000 erklärte der Papst die Hinrichtung für
ein Unrecht), oder Galileo Galilei (1564-1642), der dem Schicksal entging, weil
er sich darauf einließ, zu widerrufen.

[51]

Wahlkampf führte mit dem Ver|sprechen, die USA aus dem europäischen Krieg herauszuhalten, um sie dann zielstrebig in ihn hinein zu führen. Allklägliche Lüge von Politikern wie das Versprechen vor der Wahl, eine bestimmte Koalition bestimmt *niemals* einzugehen, um nach der Wahl genau diese Koalition zu schmieden, sind ein derart eingeübtes Spiel, dass ihre Ekelhaftigkeit bloß noch jenem auffallen kann, der ein durch und durch *unpolitischer Mensch* ist.

70

»Ein guter Arzt ›führt‹ nicht irgendeine ›neue Gesundheit‹ in $\qquad$ 1946
einen todkranken Organismus ein. Er findet heraus, welche Elemente der Gesundheit im kranken Organismus spontan vorhanden sind. Hat er sie gefunden, dann spielt er sie gegen den Krankheitsprozeß aus. Genau dasselbe gilt für den kranken sozialen Organismus, wenn man an ihn *sozialwissenschaftlich* und nicht mit politischen Programmen und Ideen herantritt. Man kann nur real vorhandene Freiheitsumstände organisch entwickeln und ihre Hindernisse beseitigen. Man kann nicht
Zur Kritik des gesetzlich garantierte Freiheiten einem kranken sozialen Orga-
Konstruktivismus nismus aufsetzen« (nur 1946: S. 191f). Mit diesen schlichten und fast unscheinbaren Worten stellt Wilhelm Reich das Konzept der bolschewistischen Revolution insgesamt in Frage. Die gewaltsame Einführung einer »neuen Gesellschaft« und die Schaffung eines »neuen Menschen« durch die revolutionäre Staatsmacht ist schlechterdings falsch und führt ins Gegenteil.
minimalinvasiv! Die Revolution muss, paradoxerweise, *minimalinvasiv* sein, wie $\qquad$ 2012
= konservaitiv ich an Goodman anschließend es nenne.[43] Sie muss befreien, nicht verändern. Befreien die heilenden Kräfte, die sich entfalten wollen. Den Raum schaffen für weitere und neue Kräfte, die sich möglicherweise herausbilden. Nichts jedoch forcieren. Nichts erzwingen. An der Welt will nichts verändert, vielmehr

43 Vgl. Stefan Blankertz, *Minimalinvasiv: Acht kritische Nachträge* (2012), Berlin 2015 (edition g. 101).

[52]

in Ruhe gelassen sein. Oder anders gesagt: Das fundamentale Recht besteht in der *Privatheit*. Politik ist Kolonialismus. Der herrschende Trend zur Aufhebung aller Privatheit markiert das Ende des *Subjekts*. Privatheit

71

1933 In der Fassung von 1933 (S. 113f) möchte Wilhelm Reich mit den Überlegungen noch helfen, die »Hauptangriffspunkte« zu bestimmen, weil die »revolutionäre Partei«, vermutlich ist die 1946 KPD gemeint, »schwere Fehler begeht«. 1946 mahnt er, »die internationale revolutionäre Bewegung« müsse seine Überlegungen »berücksichtigen, wenn sie siegen will« (S. 84), obgleich er einige Zeilen vorher zugegeben hat, dass »es keine revolutionären Organisationen gibt«. **ABER** was wäre dann noch die internationale revolutionäre Bewegung? Wer? Bewegung

72

1933 1933 (S. 255) gesteht Wilhelm Reich »Schwierigkeiten« ein, »die Führung der kommunistischen Parteien zu überzeugen, dass [die Schaffung einer Atmosphäre der Sexualbejahung] 1946 eine ihrer Hauptaufgaben wäre«. 1946 (S. 177): »Mittlerweile ist die Politik an sich als reaktionärer Irrationalismus entlarvt worden.« Ausrufezeichen an den Rand! Sag das einem von ! 2019 den »*Fridays for Future*«, die als Opposition sich stilisieren, während sie das Programm der Herrschenden exekutieren, indem sie Politik als Lösung anstatt als Problem präsentieren. Schein-Opposition

73

1946 »Stalin war nur ein Werkzeug der Umstände« (in der Version von 1946: S. 234). Stalin wie Hitler. Trump wie Obama. Merkel wie Meuthen. Die Dämonisierung von einzelnen Personen unsichtbares betreibt das Spiel des herrschenden Systems, das sich hinter System den Personen unsichtbar zu machen versteht und von jeglicher Kritik verschont bleibt.

74

»Die Faschisten waren nicht die einzigen, die den Staat beton- 1946
ten. Sie betonten ihn nur besser [?] und kräftiger [!] als die
sozialdemokratische Regierung, die Kommunisten oder die
Machtfrage Liberalen« (nur 1946: S. 243). Wer die Klaviatur der Macht
am besten beherrscht, kommt an die Macht. Eine Tautologie,
dennoch schwer zu nehmen. Ideologie ist eben Ideologie, nicht
die Sache selbst. Ob Grün oder Braun. Ob Rosa oder Rot. Ob
Blau oder Weiß. Bloß wer die Macht anbetet, den erhört der
Gott, der sich von Macht ernährt: der Staat. Und wandelt
er sich im Luzifer des Zeitgeistes auch zur Staatin, ändert sie
ihren Charakter nicht. Eine Frau, die euch ermordet, ist eine
Mörderin, jedoch keine Spur besser als ein Mörder.

75

Heroismus »Wodurch unterscheidet sich der Heroismus des Komsomol[44] 1918
in seinem Wesen von dem der Hitlerjugend oder eines im- 1926
perialistischen Kriegers?« (nur 1946: S. 270). Auch wenn es
eine rein rhetorische Frage ist, geht sie ins Herz. Die Sieger des
zweiten Weltkriegs sind zumindest teilweise nicht humaner als
die Verlierer. Eine Schmach, die kaum auszuhalten wäre. Lieber
den Fragesteller verfemen, um ihr zu entkommen.

76

ABER es konvergieren nicht nur der (Staats-) Kommunismus
Konvergenzen mit dem Faschismus, vielmehr ebenso die US-amerikanische
Demokratie mit dem SU- (Staats-) Kommunismus. Wilhelm
Reich zitiert einen US-amerikanischen Autor, der »die Sowjet-
union von 1943 als Musterbeispiel für Amerika« empfiehlt, 1943
»weil ihn das Wegbleiben von Arbeitern in amerikanischen 1946
Betrieben ärgert« (nur 1946: S. 275). Indirekt verbirgt sich
Kapitalismus hier die Einsicht ins Wesen des Kapitalismus: Freiwilligkeit,

---

44 Комсомол, das heißt der »Gesamtsowjetische Leninsche Kommunistische
Jugendverband«, gegründet am 29. Oktober 1918, aufgelöst 1991.

die den Herrschenden ein Dorn im Auge ist. Sie suchen Auswege, sei es im (Staats-) Kommunismus, sei es im Faschismus.

77

1946 »Man kann den Faschismus nicht durch Imitation und Überbieten seiner Methoden besiegen, ohne selbst, gewollt oder   Mimikry
ungewollt, faschistisch zu entarten« (nur 1946: S. 295).[45] **ABER**
wer gibt schon zu, dass er Methoden oder Inhalte des Faschismus imitiert oder gar überbietet? Niemand? Dann wäre auch
niemand Faschist. Faschisten sind immer bloß die Andren.

78

1946 »Ein Arzt oder ein Techniker, Erzieher oder Bauer in Amerika,
Indien, Deutschland oder wo auch immer sonst er sein möge«
habe mit der »lebensnotwendigen Arbeit [...] für den Gang des   Arbeit
Lebensprozesses unendlich mehr« geleistet, »als die gesamte
1923 Komintern seit 1923 auch nur annähernd geleistet hat. Mit der
1943 Auflösung der Komintern 1943 hat sich am Leben der Menschen nichts geändert. Man stelle sich nun vor, daß in China
oder Amerika alle Lehrer oder alle Ärzte an einem bestimmten
Tage aus dem sozialen Prozeß ausscheiden!« (nur 1946: S. 340).
Politik, politische Organisationen, den Staat – sie können wir
entbehren wie Pest und Cholera. Nazi Punks, *fuck off*.[46]

1864-76   I. Internationale, 1864-1876 (Marx-Bakunin-Konflikt).   Liste der
1889-   II. (Sozialistische) Internationale, 1889-1914 (= Burgfrieden   Internationalen
1914   der sozialdemokratischen Parteien mit den jeweils kriegab 1951   führenden Nationalstaaten). Neugründung 1951.
1922-   III. (Kommunistische) Internationale (abgekürzt *Komintern*),
1943   leninistisch-stalinistisch, 1922-1943.
ab 1938   IV. Internationale (Trotzkisten), ab 1938.
ab 2003   V. Liga für die fünfte Internationale (Trotzkisten), ab 2003.   viel Glück ;-)

45 Reich und sein Kreis sind dem Fluch auch nicht entgangen. Siehe §§ 188-191.
46 Dead Kennedys.

[55]

»Tory-Politiker nennt Nazis ›Sozialisten‹ – und sorgt für Tu-
mult. Wutausbrüche und empörte Zwischenrufe: Ein führender Politiker der britischen Konservativen hat den Nationalsozialismus als linke Ideologie bezeichnet. Im EU-Parlament
ging es daraufhin hoch her.«
SPIEGEL *online*, 24. 10. 2018, 19:22 Uhr.

NAZIS ALS ECHTE SOZIALISTEN

79

HEUTE kann man Linke bereits in Rage versetzen, wenn man statt »Nazis« abzukürzen von »Nationalsozialisten« spricht. Kein Schmutz darf auf das geheiligte Schlabberlätzchen des Sozialismus gelangen. Sie tun ganz so, als gäbe es nur eine oder nur eine richtige und wahre Form des Sozialismus. Sie haben ganz offensichtlich nicht einen Blick in das »*Kommunistische Manifest*« von Friedrich Engels und Karl Marx geworfen, wo die Autoren 1848 unmissverständlich den »feudalen«, »kleinbürgerlichen«, »wahren« (= falschen), »konservativen« und »Bourgeoissozialismus« anprangerten. Sie wollen vergessen, was marxistische Sozialisten dann unter Josef Stalin oder Mao Zedong den Menschen angetan haben. Sie unterstellen, es wäre besser gewesen, wenn die Nationalsozialisten echte Sozialisten gewesen wären. Wir können diese Verwirrung sehr gut bei Wilhelm Reich aufspüren. Er ringt mit ihr. Er weiß, dass sie falsch ist. Er findet aber keinen geeigneten Packan, um sie zu überwinden.

Nazi ist: »National-sozialist«

1848

80

Im[47] Anfang seiner »*Massenpsychologie*« konstatiert Wilhelm Reich »das Versagen der Arbeiterinternationale beim Ausbruch des 1. Weltkriegs« (1946: S. 27; 1933 identisch: S. 14). Das »Versagen« der sozialistischen Arbeiterbewegung setzt nicht bei Stalin ein, nicht einmal bei Lenin (den Wilhelm Reich über alle Maßen verherrlichte und sogar in der Fassung von 1946 aus der Schusslinie der Kritik herauszunehmen ver-

1933|46
1914

Versagen

1946

---

47 Wie immer benutze ich das sinnwidrige »im« Martin Luthers; denn »im« bezeichnet immer, dass etwas vorher und nachher, drüber und drunter bereits vorhanden ist, vorhanden war, vorhanden gewesen sein wird. Es ist natürlich wie der hermeneutische Zirkel. Der absolute Anfang und das absolute Ende wären dem menschlichen Denken unmöglich.

[57]

suchte), sondern es bestand darin, dass sie beim Ausbruch des
WWI ersten Weltkriegs keine internationale Front gegen die krieg- 1914
führenden Staaten zu bilden vermochten. Das Konzept der
sich (teils fälschlich) auf Karl Marx berufenden Sozialisten in
der reformistischen ebenso wie in der revolutionären Variante
war bereits 1914 erledigt, und hatte nicht erst 1917, 1927 oder 1917…
gar 1934 seine Unschuld verloren. 1934

81

warum **WIE** wurde – [1933: **WARUM** war] – »der *massenpsychologische* 1933|46
versus wie *Boden* fähig, die imperialistische Ideologie aufzusaugen, die
imperialistischen Parolen in Tat umzusetzen.[48] Man beantwortet die Frage nicht zufriedenstellend, wenn man den ›Um-
fall der Führer der II. Internationale‹[49] dafür verantwortlich
macht. *Warum ließen sich die Millionenmassen der freiheitlich*
[1933: sozialistisch] und antiimperialistisch gesinnten Arbeiter
verraten? [...] Wer die Mobilisierung 1914 mitgemacht hat, 1914
weiß, daß sich in den arbeitenden [1933: *proletarischen*] Massen
verschiedenartige Stimmungen zeigten. Von bewußter Ablehnung bei einer Minderheit angefangen über eine merkwürdige Ergebenheit in das Schicksal oder einer Stumpfheit
bei sehr breiten Schichten bis zu heller Kriegsbegeisterung
nicht nur in Mittelschichten, sondern weit hinein in Industrie-
arbeiter-Kreise [1933: *proletarische* Kreise]. Die Stumpfheit der
einen wie die Begeisterung der anderen waren fraglos massen-
strukturelle Fundierungen des Krieges« (1946: S. 42; 1933:
Kriegs- S. 38). Die Kriegsbegeisterung ist das eigentliche Fundamt des
begeisterung Verhängnisses.

48 Interessante Ergänzung von 1946: … umzusetzen, *strikte entgegengesetzt der*
friedlichen, staatspolitisch uninteressierten Gesinnung der deutschen Bevölkerung.
Vgl. oben S. 35ff, §§ 49-50. Ob die deutsche Bevölkerung *vor* 1914 gegen Krieg
war, ist sicherlich fraglich. Dass Reich 1946 die unpolitische Gesinnung lobt, ist
bemerkenswert.
49 Gemeint ist der sogenannte Burgfrieden der sozialdemokratischen Parteien,
insbesondere der deutschen SPD, mit dem kriegerischen Nationalstaat 1914.

[58]

82

Das »Versagen« ist also nicht in einer subjektiven Bosheit oder einer persönlichen Unzulänglichkeit der Führer zu suchen, sondern gerade darin, dass sie den Massen folgen (nicht etwa die Masse ihnen). Die Massen und ihre Psychologie sind das Massen-Problem und auch irgendwie das Übel selber: Dass es sie gibt. psychologie Dass sie strukturiert sind, wie sie es sind.

83

1933|46 Wilhelm Reich kommt zu sprechen auf »kluge, ehrlich ge-sinnte, wenn auch nationalistisch und metaphysisch denkende Revolutionäre wie Otto Strasser« (1946: S. 28; identisch 1933: Otto Strasser S. 15). Otto Strasser, 1897-1974. Kaum zu glauben, das Wil-helm Reich ernsthaft davon ausgehen konnte, Otto Strasser wäre *als Machthaber* weniger schlimm wie Hitler oder wie Stalin gewesen. Reich selber weist ja oft genug darauf hin, der Faschismus könne nicht auf den schlechten Charakter einiger führender Köpfe zurückgeführt werden, gründe vielmehr *in einer zum Faschismus treibenden* gesellschaftlichen Dynamik.

84

1988 Ich sehe eine Parallele zu der Behauptung von Hans-Georg Gadamer, »wenn Hitler [Ernst] Röhm [1887-1934] und nicht Ernst Röhm [Hermann] Göring [1893-1946] gewählt hätte, dann hätte es die Vernichtungslager nicht gegeben«.[50] Seine Behauptung 1987 stand in dem Kontext, dass nach einer Veröffentlichung von 1933 Martin Heideggers massiver Parteinahme für den National- Heidegger sozialismus die »Auswirkungen« diskutiert wurden, die diese

50 Jacques Derrida, Hans-Georg Gadamer, sowie Philippe Lacoue-Labarthe, *Heidegger* [Kolloquium 1988], Wien 2016, S. 103. Die Gebrüder Jünger sahen im Nationalbolschewisten Ernst Niekisch (1889-1967) den alternativen Heils-bringer. Jeder hat einen zur Macht Strebenden, der, hätte er sie errungen, besser gewesen wäre. Kann denn keiner mit dem Quatsch aufhören? Wer die Macht prinzipiell bejaht, soll die Klappe halten, wenn sein Liebling sie verfehlt: Er war dann eben einfach ihrer unwürdig.

Erkenntnis fürs Verständnis der Philosophie von Heidegger haben sollte. Gadamer, obwohl kein ausgesprochener Freund Heideggers, weder in philosophischer noch in persönlicher Hinsicht, versucht – wie auch die übrigen Teilnehmer des Kolloquiums – Heideggers Position als eine »revolutionäre visionär? Vision« verständlich werden zu lassen. Die Möglichkeit, dass der Nationalsozialismus bei anderer personeller Besetzung nicht in die Katastrophe geführt haben könnte, ist ein übles Verklärung Stück idealistischer Verklärung: Der böse Hitler (oder im Fall von Gadamer nicht einmal der Führer selber, sondern sein Gehilfe Göring) wäre schuld. Ein Andrer, sei es Röhm, sei es 1934 Strasser, hätte es nicht so weit kommen lassen und die gar nicht mal üble Idee des Nationalsozialismus realisiert. Mit Soziologie sind solche Irrungen wohl nicht mehr zu erklären, vielmehr nur mit einer Analyse kranker Psychen.

85

Dass Wilhelm Reich dieser Verklärung erlag, ist für mich noch erschreckender als es bei Gadamer der Fall ist, der über kein analytisches Instrumentarium verfügte, es besser zu wissen. Reich hätte es besser wissen können und sollen. Und doch passt der Ausrutscher bezüglich Otto Strassers auch bei Reich ins Bild: In gleicher Weise behauptete er, die bolschewistische Revolution in Russland wäre segensreich gewesen bzw. geblieben, wenn bloß hätte verhindert werden können, dass Josef Stalin Stalin die Macht übernimmt. Manche Male behauptete Wil- 1927 helm Reich es, doch auch hier wusste er's besser. Sein Kopf wusste es besser, nicht sein Magen.[51]

Es ist immer wieder dasselbe Elend: Man kann es nicht lassen, auf die Güte der Mächtigen zu hoffen.

Anti- Was Wilhelm Reich verführt haben mochte, Otto Strasser die kapitalismus Stange zu halten, könnte Reichs fehlgeleiteter Antikapitalis-

51 Vielleicht versteht dieses Wortspiel bloß einer, der den *Lamo-Kodex* (edition g. 206) gelesen hat.

mus sein. Strasser war der führende Kopf des linken, des antikapitalistischen Flügels der NSDAP und ein erklärter Gegner
Hitlers. Das allein macht ihn noch lange nicht zu einem guten
Menschen, ebenso wenig, dass er kaum für Antisemitismus
sich erwärmte. Auch nach dem zweiten Weltkrieg engagierte
er sich weiter in rechtsradikalen antikapitalistischen Kreisen.
Seine Alternative zum Kapitalismus war jedoch der Staat.
1946 Und in der Version der »*Massenpsychologie*« von 1946 macht
Reich eins deutlich: Für ihn ist der Staat keine Lösung. Bezüglich keines Problems. Er *ist* das Problem. Der junge Paul
Goodman versuchte, Reich klar zu machen, dass er im Grunde Goodman
seines Herzens *Anarchist* sei, aber Reich wies ihn ab, er habe
bereits genug Probleme an der Backe und könne es nicht gebrauchen, auch noch als Anarchist verfemt zu werden.[52] Recht
hatte er. Und doch unrecht.

86

Hingegen blendete Wilhelm Reich vollständig aus, dass der
1932f Holodomor der UdSSR in der Ukraine 1932, der Beginn der Holodomor
1921f Lager, der Schauprozesse, das Abschlachten der Anarchisten
und anderer Oppositioneller vor allem dazu beitrugen, dass
der Parteikommunismus in den Augen von immer weniger
Menschen Deutschlands als Alternative für das Elend der
Demokratie gesehen werden konnte. Die Massen haben die
schlechteste aller Möglichkeiten gewählt. Warum? **DARUM**
geht es in der »*Massenpsychologie des Faschismus*«, wenn wir sie
aus einer heutigen Perspektive an Wilhelm Reich anknüpfend,
jedoch auch über ihn hinausgehend weiterführen wollen.

87

1933|46 »Ohne das Versprechen, den Kampf gegen das Großkapital Kapital
aufzunehmen, hätte Hitler die Mittelschichten nie gewonnen.

52 Vgl. Taylor Stoehr, *Here, Now, Next: Paul Goodman and the Origins of Gestalt
Therapy*, Cleveland 1994, S. 66.

Sie verhalfen ihm zum Siege, weil sie *gegen* das Großkapital waren. [...] Sofern der Nationalsozialismus seinen Charakter als Mittelschichtbewegung hervorzukehren gezwungen war (*vor* der Machtergreifung und knapp nachher), ist er in der Tat *antikapitalistisch* [1946: *und revolutionär*]« (1946: S. 59; 1933: S. 67f). Sofern Antikapitalismus revolutionär ist, ist Revolution falsch. In Wirklichkeit ist der Antikapitalismus aber das A und O des *bestehenden* Etatismus: Darum finanzierte das Großkapital die NSDAP beim Endspurt, also nachdem klar war, dass die Weimarer Republik keinen Bestand mehr haben würde. Die nationalsozialistische »Revolution« war das Gegengift gegen eine Erhebung, die die faschistischen nicht weniger als die kommunistischen sowie etablierten Bonzen hinweggefegt hätte. Hätte. Denn die Freiheit war aufgeteilt in zwei Lager, den Liberalismus und den Anarchismus, die sich bekämpften und stattdessen mit ihren jeweiligen Erzfeinden paktierten, Liberale mit den Faschisten, Anarchisten mit den Kommunisten, von denen sie umgehend, nachdem sie ihre Funktion als nützliche Idioten übererfüllt hatten, an die Wand gestellt wurden. Wilhelm Reich entkam mit knapper Not; nie hat er bis dahin gefunden, seine Verankerung in jenen beiden Lagern der Freiheit gänzlich zur Kenntnis zu nehmen; leider.

Etatismus (margin)
1930 (margin)
1933 (margin)

88

Kollektivismus (margin)
Individualismus (margin)
1933|46 (margin)

»Das Kollektivistische im Faschismus entstammt den sozialistischen Tendenzen der Massenbasis, wie das Individualistische den Interessen des Großkapitals und [*sic*] der faschistischen Führung entstammt« (1946: S. 66; 1933 als Fußnote: S. 82). Mit Verlaub, Wilhelm, es verhält sich ebenso *natürlich* wie *kreatürlich* genau andersherum.

Mir scheint ein Schaudern durch Wilhelm Reich zu gehen, wenn er einen Dr. Jarmer – d. i. Ernst Jarmer, 1886-?,[53] Rechts-

Ernst Jarmer (margin)

53 Es ist mir nicht gelungen, sein Todesjahr zu ermitteln. Die letzte von ihm verzeichnete Veröffentlichung stammt aus dem Jahr 1942.

anwalt und im NS-Staat für »Raumordnung« (ein Euphemis-
mus für die brutale »Osterweiterung«) zuständig – aus dem
1931 »Angriff« vom 24. 09. 1931 zitiert, der als Trennlinie zwischen
den Deutschnationalen und Nationalsozialisten definiert, jene
würden sich nur gegen den internationalen, diese jedoch auch
1933|46 gegen den nationalen Kapitalismus wenden. Reich dazu: »Das
klingt [ja!] fast kommunistisch« (1946: S. 79; identisch 1933:
S. 104). Das klingt (ja) fast, als hätten die Nationalsozialisten
zu den Guten werden können, wenn sie echte Kommunisten
gewesen wären, wenn Otto Strasser – oder nach Gadamer:
Ernst Röhm, oder nach den Jüngers: Ernst Niekisch – sich
durchgesetzt hätte. Was für ein Illtum, um mit Ernst Jandl zu   Illtum
sprechen. Im Ernst? (Oder im Anfang?)

89

Umgekehrt, der Fehler des Nationalsozialismus war nicht, zu
wenig sozialistisch zu sein, sondern der des bolschewistischen
1946 Kommunismus, zu national zu werden. Einer »großen Anzahl
von Wissenschaftlern, Journalisten, Arbeiterfunktionären« sei
schon in den 1930er Jahren »klar« geworden, notiert Wilhelm
Reich in der Version 1946 (S. 197), dass es sich bei der Sowjetunion unter Stalin »um ›Nationalismus‹ handelte. Man war   Nationalismus
sich nicht klar darüber, ob [daß?] es sich um Nationalismus
faschistischen Musters handelte«. Trotz Antikommunismus
im Nachkriegsjahrzehnt war, ist … bleibt es absolut tabuisiert,
die Koalition mit Stalin, um zum Sieg über den Nationalsozialismus zu führen, in Frage zu stellen. Wilhelm Reich ist
der Nestbeschmutzer. Für alle. Für immer. Für alle Andren jedoch *der* Held.

90

1946 »Die faschistische Ideologie meinte es ehrlich. Wer diese sub-   subjektive
jektive Ehrlichkeit nicht einsah, der begriff den ganzen Faschis-   Ehrlichkeit
mus und seine Anziehungskraft auf Massen nicht« (nur 1946:

[63]

S. 214). »Es ist nie aus den Augen zu verlieren, daß Hitler stets ⟶ 1946
an den berechtigten [*sic*] Haß des Massenmenschen gegen die
Scheindemokratie und das Parlamentssystem anknüpfte« (nur
Ideologie 1946: S. 233). Die faschistische Ideologie, heißt dies, meinte
es ehrlich mit ihrem Antikapitalismus und Sozialismus. Und
Antikapitalismus wie Sozialismus sind, vom Standpunkt der
Freiheit, des Wohlstands jedes Menschen und seiner Lebens-
lust aus gehen, *falsch*.

91

Auch heute fehlt ein jedes Verständnis dafür, dass der viel ge- ⟶ heute
Populismus scholtene und nie verstandene (Rechts-) Populismus irgend ein
Interessse Interesse bedienen muss, weil er sonst keine Massenbewegung
werden könnte und kein Populismus wäre. Die Behauptung,
es möge gelingen, eine Massenbewegung zu entfachen, die auf
der reinen Verführung oder Manipulation basiert, wäre nichts
als Verschwörungstheorie. Bezogen auf Populismus reagiert
die herrschende »Linke« genau wie vordem bezogen auf den
Faschismus, indem sie eine (soziologische) Erklärung mit
der (politisch-moralischen) Akzeptanz gleichsetzt. Auch diese
Abwehr von Erklärung ist natürlich aus dem Interesse der
Herrschenden heraus zu erklären, da die Erklärung ihren Anspruch auf Herrschaft schmälert.

Nur wer mit den Wölfen heult, bedient sein eigenes Interesse.
Wilhelm Reich verstieß gegen seins, so wie es jeder zu tun gezwungen ist, der sich von der Macht nicht korrumpieren und
nicht (ver)kaufen lässt. Es ist nicht schwer zu verstehen, aber
sehr schwer zu realisieren, dass Opposition kein Erfolgsrezept
Marcuse ist. Darum leben wir, wie Herbert Marcuse sagte, in einer ein- ⟶ 1964
dimensionalen Gesellschaft ohne Opposition. 1964. 1984. ⟶ 1984

[64]

IM ENDE DER PLANWIRTSCHAFT
Arbeitsdemokratie:
Kommunistisch oder kapitalistisch?
Etatistisch oder anarchistisch?

92

Das sozialistische Denken durchzieht ein Widerspruch, auch
wenn es sich mit den Adjektiven »freiheitlich« oder »libertär«
schmückt; der Widerspruch basiert auf der Besessenheit, sich
vom Liberalismus abgrenzen zu wollen und nimmt diese Ge- Liberalismus
stalt an: Auf der einen Seite proklamiert der Sozialismus die Sozialismus
nicht nur kollektive, sondern auch individuelle Emanzipation; Emazipation
er verspricht »den Arbeitern (und Bauern)«, dass sie ihr Leben
und die Produktion *selbst verwalten* werden. Auf der anderen
Seite behauptet der Sozialismus, dass die auf freiwilliger Kooperation beruhende Wirtschaft mit innerer Notwendigkeit
zu Ungleichheit, Ausbeutung, Verschwendung, Behinderung
der Entfaltung der Produktivkräfte und [*sic*] der Staatsgewalt
führe, also durch eine zentralstaatlich zu leitende Planwirtschaft ersetzt werden müsse. Wie die Einrichtung solch einer
Planwirtschaft ohne Bürokratisierung von statten gehen, wie
1884 sie in das »Absterben des Staats« münden und wie sie die
Selbstverwaltung und -bestimmung der einzelnen freiwillig
gebildeten Gruppen von Menschen fördern könne, hat die
sozialistische Theorie nie geklärt. Und in der Praxis zeigte
sich, dass tatsächlich nichts an Eigenständigkeit übrig blieb,
dass Staatsgewalt und Bürokratie überhandnahmen und dass
schlussendlich die Produktivität in den Keller ging. Dieser
Widerspruch in Theorie und Praxis ist an Wilhelm Reich Widerspruch
nicht spurlos vorbei gegangen. Nach seinem Ausschluss aus
1933 der KPD 1933 versuchte er, sich aus jenem Widerspruch her-
auszukämpfen, und in der Version der *»Massenpsychologie«*
1946 von 1946 werden wir Zeuge dieses schwierigen Unterfangens,

[65]

das ihm nur zum Teil glücken sollte. Weshalb bloß musste er
die Idee der freiwilligen wirtschaftlichen Interaktion *Arbeits-* 1943
demokratie nennen, nur um den bösen Begriff Kapitalismus zu
vermeiden?

93

»Verloren sich Ansiedlergruppen in den amerikanischen Ur- 1946
wäldern, so versuchten sie, den Weg, auf dem sie gekommen
waren, wiederzufinden, um von bekanntem Terrain neu ins
Unbekannte vorzustoßen. Sie bildeten hierzu keine politischen Parteien; sie führten keine endlosen Debatten über die
Gegenden, die sie nicht kannten; sie schlugen einander nicht
die Köpfe ein und sie forderten einander nicht unausgesetzt
auf, Programme über Ansiedlungen zu entwerfen. Sie handel-
ten aufgrund der gegebenen Situation natürlicherweise ar-
beitsdemokratisch« (nur 1946: S. 190). Ob (sozial-) historisch
Utopie   richtig oder falsch, in diesen Worten ist die Utopie Reichs
enthalten: Man streitet, aber einigt sich auch konkret und vor
Ort, *face to face*, über konkrete Probleme und Richtungen.
Dies wurde, *via* Paul Goodman, Credo der Gründer*innen
der Gestalttherapie. Und wenn es vergessen wurde, auch und
gerade von Gestalttherapeuten, zeigt das den Sieg der Staatsgewalt, der politischen Ideologie an. Nichts könnte größeren
Wert für den Machterhalt haben.

94

»Dieser Zweite Weltkrieg bestätigt wieder einmal, was von je- 1946
her allgemeines Wissen war: Der politische Reaktionär unterscheidet sich vom echten Demokraten grundsätzlich durch
Staats**gewalt**   seine Stellung zur Staatsgewalt. An dieser Stellung kann man
den sozialen Charakter eines Menschen *objektiv* beurteilen.
[...] Wie die Charakterstruktur geht auch diese Stellung zur
Staatsgewalt kreuz und quer durch alle politischen Gruppie-
rungen. Entsprechend dieser Beurteilung gibt es echte Demo-

kraten unter den Faschisten und echte Faschisten unter den Partei-Demokraten. [...] Der Reaktionär fordert typischerweise die Macht des Staates über die Gesellschaft; er fordert die ›Staats*idee*‹« (nur 1946: S. 240f). Das war, leider, lieber Wilhelm, niemals »allgemeines Wissen«, sondern immer nur das der wahren Opposition. Keiner, der im Besitz objektiver und allgemeiner und ewiger Wahrheit sich dünkt, zweifelt jemals daran, dass es recht und notwendig ist, die Staatsgewalt einzusetzen, sie in Wirklichkeit zu verwandeln. Er wird niemals darauf warten wollen, irgendwen von ihr zu überzeugen. Wer nicht mitmacht, wird kaltgestellt oder gar kaltgemacht. Welch einen Verzicht auf Allmachtsfantasie erfordert es, auf Staatsgewalt Verzicht zu leisten? Der Blick ins *Neue Testament* würde genügen, um davon zu überzeugen, dass nur ein Sohn Gottes zu solch einem Verzicht fähig ist. Ein Sohn Gottes, der gegen den Vater rebelliert.

95

1946 »Ein Henry *Ford* mag diese oder jene politische Anschauung haben, er mag ideologisch ein Engel oder ein Schädling sein; das ändert nichts an der Tatsache, daß er der erste amerikani-
1908 sche Erbauer des Automobils war und das technische Gesicht Amerikas total verändert hat. *Edison* war zweifellos politisch ideologisch ein Kapitalist; aber man möchte den politischen Arbeiterfunktionär kennenlernen, der die von Thomas *Edison*
1880 persönlich erarbeitete Glühbirne nicht benützte, oder der es wagen würde, öffentlich mit der Behauptung aufzutreten, daß *Edison* ein nichtarbeitender Parasit der Gesellschaft gewesen
1943 wäre. [...] Mit der Auflösung der Komintern 1943 hat sich am Leben der Menschen nichts geändert. Man stelle sich nun vor, daß in China oder Amerika alle Lehrer oder Ärzte an einem bestimmten Tage aus dem sozialen Prozeß ausschieden!« (nur 1946: S. 339). Henry Ford. Thomas Edison. Welchen Göttern, verdammt, huldigst du hier, Wilhelm, du »Kommunist«? Der

Staats**idee**

Henry Ford

Thomas Edison

Komintern

Kommunist liest seine Literatur in der Nacht beim Licht der Glühbirne, fährt zur konspirativen Versammlung mit einem Model-T,[54] aber verflucht die Bedingungen, die zu dem Zustand geführt haben, in welchem er agiert. Wilhelm Reich ist Anarcho- hier so nah dran am Anarchokapitalismus wie an keiner andren kapitalismus Stelle seiner Schriften, seines Denkens.

96

»Man kann eine *neue* Ordnung nicht ›ersinnen‹, ›erdenken‹, 1946 ›erplanen‹; *sie muß organisch gewachsen sein*« (nur 1946: S. 196). Das richtet sich genauso gegen die Sozialtechnokraten (und ihre heutigen Nachfahren, die Konstruktivisten) wie gegen die Sozialdemokraten und die Bolschewisten, die einen mit der Vorstellung einer demokratischen, die anderen mit der einer diktatorischen Planwirtschaft. **ABER** noch im Nachwort zu der zweiten Auflage der »*Massenpsychologie*« 1934 hatte Reich 1934 Planwirtschaft sich zur »Verwirklichung der sozialistischen Planwirtschaft« (1934: S. 283) bekannt; dieses Bekenntnis wiederholt er sogar in einem Kapitel, das sich nur in Version 1946 (S. 215) findet. 1946

97

»Der ›sozialistische‹ [sic] *Staat* ist eine Erfindung von Partei- 1946 bürokraten« (nur 1946: S. 206). **ABER** wie wäre die Planwirt- Staat schaft ohne einen Staat zu realisieren? Genau. Wilhelm Reich hat das Ende der Planwirtschaft verkündet. Hätte er es doch auch denken können! Heroen sind Heroen nicht trotz, vielmehr wegen ihrer Defizite.

---

54 Ich erinnere mich an eine Diskussion in meiner Jugend mit Mitgliedern der maoistischen KPD an meiner Schule, nachdem bekannt wurde, dass die Partei, die von Mitgliedern verlangte, jeden Pfennig, den sie im Monat über 850 DM hinaus hatten, an die Partei abzudrücken, von zwei Männern geleitet wurde, die durch Mitglieder finanzierte Porsches fuhren. Nun, sie mussten Porsches haben. Um möglichst am schnellsten dort zu sein, wo der Klassenkampf entbrannte. War doch klar. Konnte keiner was gegen einwenden, oder? Im Sozialismus hätte jeder Führer einen Porsche zur Verfügung. Was Utopie, denkt der Trabbi.

98

1946 **ANDERERSEITS:** »Die Wirtschaftsanarchie muß zum wesent- Wirtschafts-
lichsten Hemmschuh der weiteren Entwicklung der sozialen anarchie
Produktivität geworden sein. Das Chaos der Wirtschaft muß
jedem klar werden, etwa darin, daß man Warenüberschüsse
vernichtet, um Preisstürze aufzuhalten, während gleichzeitig
Menschenmassen hungern und verhungern. Die private
Aneignung der kollektiv erzeugten Güter muß in schärfsten
Gegensatz zu den Bedürfnissen der Gesellschaft getreten sein.
Der internationale Güterverkehr muß die Zollgrenzen der
nationalen Staaten und das Warenprinzip als unüberwind-
liche Schranken zu empfinden beginnen« (nur 1946: S. 207).
Hier geht so einiges durcheinander und gehört, richtig gestellt
zu werden.

Zunächst einmal ist es historisch eindeutig, dass nicht Wirtschaftsanarchie und Chaos der Wirtschaft zum Hemmschuh
der Produktivität geworden ist, sondern die Planwirtschaft. Planwirtschaft

1921f Die Hungersnöte zu Beginn der Sowjetunion waren keine Hungersnöte
1932f einmaligen Ereignisse, vielmehr kehrten sie in jeder Planwirtschaft wieder ein. Besonders verheerend in der VR China
1959ff nach dem *großen Sprung nach vorn* Anfang der 1960er Jahre.
Die UdSSR ist fortlaufend auf Getreideimporte aus den USA
angewiesen geblieben. Die VR Korea wird von Hungersnöten
1984 geplagt, das kommunistische Äthiopien 1984, in Venezuela
2017ff kommt es nach Jahrzehnten des Sozialismus zu Versorgungs-
1991 engpässen. Indien dagegen konnte sich, nachdem der herrschende Sozialdemokratismus überwunden wurde, zu einer
Nation der Selbstversorgung entwickeln.

Wilhelm Reich ist auch der Widerspruch nicht aufgefallen,
dass er Wirtschaftsanarchie und Chaos der Wirtschaft an-
prangert, um dann ausgerechnet Zollschranken als Beispiel zu Zollschranken
nennen – sind doch Zollschranken genau die Instrumente von
nationalistischen und sozialistischen Staaten, um im planwirt-
schaftlichen Geist die Anarchie & das Chaos zu kontrollieren. ἀναρχία, χάος

[69]

liberal Die im Kern erzliberale Kritik an den Zollschranken ist kein »Ausrutscher« an dieser Stelle, Reich wiederholt sie später 1946 nocheinmal (nur 1946: S. 213).

99

WEITER: Was bedeutet die »›Selbstverwaltung‹ der Betriebe, 1946 Schulen, Fabriken, Verkehrsorganisationen etc.« (nur 1946: S. 218f)? Kann *Selbstverwaltung* (und »Arbeitsdemokratie«) mit Planwirtschaft einher gehen? An einer anderen Stelle spricht Wilhelm Reich noch pointierter von einer »Selbst- 1946 steuerung der Arbeit«, die »spontan vorhanden« sei (nur Spontaneität 1946: S. 260). Spontaneität und Planwirtschaft, das geht nun mal gar nicht miteinander einher.

100

Politik Den »scharfen Gegensatz von Arbeitsdemokratie und Politik« beschreibt Wilhelm Reich so: »Unsere Zeitungen sind von 1946 politischen Debatten voll, die keiner einzigen Schwierigkeit des Arbeitsprozesses der Menschenmassen Rechnung tragen. Das ist begreiflich, denn der Politiker versteht nichts von Arbeit. […] Man stelle sich [hingegen] vor, wie freudig Werkmeister, Ingenieure, Spezialarbeiter jeder Art Zug um Zug des Arbeitsprozesses darstellen, Verbesserungen, Erfindungen etc. vorbringen würden. Sie würden streiten, miteinander konkurrieren. Es gäbe heftige Debatten. Das wäre ja nur gut. Es hat Jahrhunderte gedauert, ehe man auf die Idee kam, die Fabriken nicht wie Gefängnisse, sondern wie Erholungsheime zu bauen« (nur 1946: S. 259). **WIE** sollte Planwirtschaft möglich sein, wenn in den Betrieben eigenmächtig Entscheidungen getroffen und gar Verbesserungen und Erfindungen eingeführt werden? Konkurrenz Selbst »Konkurrenz« ist hier nicht mehr der Buhmann, vielmehr Antriebskraft für Innovation und sogar Arbeitsfreude! Adam Smith Adam Smith lässt grüßen. Auch »Planwirtschaft ohne Politik« 1776 klänge unredlich.

[70]

101

1946 Wilhelm Reich hält »arbeitsdemokratische Selbstverwaltung
der Gesellschaft« und die »autoritäre Staatsadministration Staats-
gegen« den Willen und den Protest der Konsumenten und administration
Produzenten (nur 1946: S. 279) auseinander. **ABER** gibt es eine
Unterscheidung zwischen »autoritärer Staatsadministration«
und »Planwirtschaft«? Dass beides niemals mit irgendeiner
Form von Selbstverwaltung zusammenstimmt, weiß Wilhelm
1946 Reich im Grunde auch: »Die natürlichen Funktionen des
Arbeitsprozesses sind jeder Art menschlich-mechanistischer
und autoritärer Willkür entzogen. Sie funktionieren und sind
im strengen Sinne des Wortes *frei*« (nur 1946: S. 312).

102

1946 »Ich für meinen Teil lehne einen Kampf um Macht, um mein Machtkampf
Wissen aufzudrängen, ab« (nur 1946: S. 293). **WIE** anders
jedoch als durch Machtkampf würde eine planwirtschaftliche
Organisation sich ein- und durchführen lassen?

103

Doch planwirtschaftliches Denken schlägt bei Wilhelm Reich
erbarmungslos zu, wenn es um das Thema Kindererziehung Erziehung
1946 geht. »Es gibt in diesem 20. Jahrhundert kein Gesetz zum
Schutze Neugeborener vor der erzieherischen Unfähigkeit
und den neurotischen Einflüssen der Eltern« (nur 1946:
S. 311). Wie anders könnte solch ein Gesetz verabschiedet
werden, ohne Staatsgewalt einzusetzen? **WIE** sonst könnte es
vorgehen, um einen solchen »Schutz« zu gewähren, als so: den
Eltern, die für unfähig erklärt werden – (von wem übrigens?,
einer Behörde!) –, ihre Kinder mit Gewalt zu entreißen und
sie in einer öffentlichen, d.h. staatlichen, Einrichtung unter-
1946 zubringen? Und Wilhelm Reich setzt noch eins drauf: »*Es
bedarf schärfster Gesetze zum Schutze der natürlichen Lebenslust
der Kinder und Jugendlichen*« (nur 1946: S. 312). O, man sieht

[71]

förmlich, wie Kinder und Jugendliche, wenn Staatsbeamte sie aus den Wohnungen ihrer Eltern herauszerren und ins Heim prügeln, aufblühen und in Lebenslust schwelgen.

104

Andererseits »reguliert sich [das natürliche Wachstum einer Gesellschaft] von selbst und bedarf keiner Gesetzgebung oder Regelung« (nur 1946: S. 313). Denn, »die Gedankenwelt der Arbeitsdemokratie will nichts verbieten oder verhindern« (nur 1946, S. 345). Nichts verbieten. Nichts verhindern.

Selbst-regulation

1946

105

Der Begriff der »Arbeitsdemokratie« ist »nicht ein politisches Programm, keine gedankliche Vorwegnahme einer ›Wirtschaftsplanung‹ oder einer ›Neuen Ordnung‹. Die Arbeitsdemokratie ist eine *Tatbestand*« (nur 1946: S. 313). Wirtschaftsplanung ist nur eine andere Reihenfolge der Worte als Planwirtschaft. Wilhelm Reich hat sich von Planwirtschaft losgesagt, traut sich allerdings nicht, es zuzugestehen – sich nicht, seinen Lesern nicht. Wer zwischen den Zeilen zu lesen versteht, versteht es dennoch.

Zur Kritik des Konstruktivismus

1946

106

»Der wissenschaftliche Mensch jeder Art, sei er nun Erzieher, Dreher, Techniker, Arzt oder anderes [Bauer[55] nicht zu vergessen!] [...] kann keine Macht gebrauchen, denn mit Macht lassen sich keine Motoren konstruieren, keine Heilsera herstellen, keine Stratosphärenflüge durchführen, keine Kinder aufziehen usf.« (nur 1946: S. 322).

Gegenmacht

1946

55 Es gibt *eine* Stelle in der »*Massenpsychologie*«, an der das Wort »Bauer« *nicht* pejorativ gebraucht wird, ... »ein Arzt oder ein Techniker, Erzieher oder Bauer in Amerika, Indien, Deutschland oder wo auch immer sonst er sein möge« habe mit seiner »lebensnotwendigen Arbeit [...] für den Gang des Lebensprozesses unendlich mehr« geleistet, »als die gesamte Komintern seit 1923« (nur 1946: S. 340). Es ist also nicht Hopfen und Malz verloren an dir, Wilhelm.

107

1946 »Die Menschentiere mögen noch so sadistisch, mystisch, geschwätzig, skrupel- und gesinnungslos, gepanzert, oberflächlich und tratschsüchtig sein, *in ihrer Arbeitsfunktion sind sie natürlicherweise dazu verhalten, rational zu sein*« (nur 1946: Rationalität S. 335). Kennen wir diese Argumentationsfigur nicht irgendwo her? Ja, klar. Die Theorie des Kapitalismus, der freiwilligen Kapitalismus wirtschaftlichen Interaktion, besagt, dass aufgrund der Freiwilligkeit des Marktes jeder, ob großherzig oder kleingeistig, gezwungen werde, dem Nächsten zu Diensten zu sein. Dass die (Staats-) Sozialisten diese Theorie verlachten, machte ihre jeweiligen Systeme zu den Brutstätten von unausdenkbarem Sadismus und ungeahnter Verelendung.

108

Wilhelm Reich hat das Ende der Planwirtschaft erspürt, allerdings niemals erdacht oder zuzugeben vermocht. Das ist sein Fehler, und es ist sein Fehler nicht. Denn niemand außerhalb 1944 der kleinen Zirkel um Ludwig von Mises und F. A. Hayek Mises, Hayek wollte es jemals begreifen, dass eine unumgängliche Entgegensetzung zwischen den Entscheidungen von Einzelnen oder von freiwillig gebildeten Gruppen besteht und der Idee, dass gesellschaftliche oder wirtschaftliche Verhältnisse zentral, (angeblich) rational zu regeln seien. Jede Form der rationalen Reglungen, auch und vor allem die demokratische Regelung, erzwingt, dass die individuellen Handlungen und die Vorstellungen von Face-to-Face-Communities übergangen und untergeordnet werden. Und doch. Es gab auch außerhalb des Zirkels der Österreichischen Ökonomie diese Erkenntnis. Bei den Gründern der Gestalttherapie. Auf anderer Ebene, nicht weniger wichtig. Und nicht weniger verfemt. *Liberale und Anarchisten in eine Front!* Wenn Gestaltisten und Reichianer sich anschließen würden, um so besser. Es geht um die Selbst- Selbstbestimmung, nicht mehr, nicht weniger. bestimmung

[73]

Filmplakat mit Ankündigung des Reichsparteitagfilms »*Triumph des Willens*«, der Aufnahmen des Korsos durch die Stadt Nürnberg und des Aufmarschs uniformierter Kolonnen auf dem Zeppelinfeld des Reichsparteitaggeländes zeigt. Gesamtleitung und künstlerische Gestaltung: Leni Riefenstahl. Gemeinfrei laut Wikimedia. commons.wikimedia.org/wiki/File:Triumph_des_willens_1934.jpg

ZUR KRITIK DES KONSTRUKTIVISMUS

109

Eine in meinen Augen entscheidende Einsicht keimte bei Wilhelm Reich während der Auseinandersetzung mit der Katastrophe des Bolschewismus, die die tiefere Ursache des Siegs von Faschismus – Italien und Spanien[56] – sowie von NationalSOZIALISMUS – Deutschland – bildet. Er erkannte, dass eine Gesellschaft und vor allem eine gesellschaftliche Veränderung zum Guten sich nicht auf dem Reißbrett planen und dann unter Einsatz der notwendigen Gewaltmittel umsetzen lasse. Der damalige totalitäre Konstruktivismus, der genau dies vermeinte und auch erprobte, kehrt heute wieder als ausgefeilte Sozialtechnokratie in demokratischer Form: Man behauptet, jedweder »gewünschte« gesellschaftliche Zustand ließe sich erreichen, sofern der Staat entsprechende Gesetze, Erlasse, Verordnungen in Stellung bringt und genügend Geldmittel in die Organisationen pumpt, die den Menschen dabei »helfen«, sich auf die gewünschte Weise zu verhalten und zu verändern. Diese Form des Konstruktivismus ist weniger brutal, jedoch sehr effektiv, um jede gesellschaftliche Initiative und freie Entwicklung zu ersticken, möglicherweise effektiver noch als ihre totalitären Vorläufer.

Marginalien: 1917 · 1922|39 · 1933 · heute · Bolschewismus · Faschismus, N... · ...sozialismus

110

»Man kann eine neue Ordnung nicht ›ersinnen‹, ›erdenken‹, ›erplanen‹ [sic!]; *sie muß organisch gewachsen sein*« (nur 1946: S. 196). Das richtet genauso sich gegen Sozialtechnokraten – die sich selber für unideologisch hielten, von Linken stets aber

Marginalien: 1946 · Sozialtechnokraten

56 Die Niederlage der antifaschistischen Kräfte – einer heterogenen Koalition aus Anarchisten, Republikanern, Sozialdemokraten und Trotzkisten sowie moskauorientierten Kommunisten – in Spanien 1939 geht ganz unmittelbar auf Stalins Wirken zurück. Vgl. z.B. H.M. Enzensberger, *Der kurze Sommer der Anarchie*, Frankfurt/M. 1972.

als konservative Rechte bezeichnet wurden – und implizit die Konstruktivisten, heutige Nachfahren der Sozialtechnokaten, die den Adel erringen konnten, als *Linke* anerkannt zu werden – wie gegen Stalinisten und Faschisten. Gegen Demokraten nicht weniger als gegen die proletarischen Diktatoren: Wenn es nicht möglich ist, die Gesellschaft in der gewünschten Form auf dem Reißbrett zu entwerfen, per Gesetz und mit Gewalt durchzusetzen, ist es einerlei, wie die Entscheidung gefällt wurde, was die »gewünschte« Form sei, nämlich von einem Diktator, einer privilegierten Gruppe oder der Mehrheit.

Konstruktivisten

111

DENN: »Die natürlichen Funktionen des Arbeitsprozesses sind jeder Art menschlich-mechanistischer und autoritärer Willkür entzogen« (nur 1946: S. 312).

Willkür · 1946

112

Der Begriff der »Arbeitsdemokratie« ist »nicht ein politisches Programm, keine gedankliche Vorwegnahme einer ›Wirtschaftsplanung‹ oder einer ›Neuen Ordnung‹. Die Arbeitsdemokratie ist ein *Tatbestand*« (nur 1946: S. 313). Das ist die konservative Seite der Anarchie, für die ich Wilhelm Reich, Paul Goodman folgend, vereinnahmen möchte: Sie ist kein System, das angestrebt werden kann und etabliert werden muss, sondern sie bedarf bloß ihrer Befreiung, der Befreiung der Gesellschaft vom Staat, dem die Anarchie immer schon und immer noch zugrundeliegt. Ohne die informellen Abläufe freiwilliger sozialer Kooperation ist Gesellschaft guterdings undenkbar.

Arbeits-demokratie · 1946

Anarchie

113

Wieder und wieder betont Wilhelm Reich, »daß die natürliche Arbeitsdemokratie ein *bestehendes* und nicht erst einzurichtendes soziales System« sei (nur 1946: S. 321).

konservativ · 1946

[76]

114

1946 »Ein guter Arzt ›führt‹ nicht irgendeine ›neue Gesundheit‹ in einen todkranken Organismus ein. Er findet heraus, welche Elemente der Gesundheit im kranken Organismus spontan vorhanden sind. Hat er sie gefunden, dann spielt er sie gegen den Krankheitsprozeß aus. Genau dasselbe gilt für den kranken sozialen Organismus, wenn man an ihn *sozialwissenschaftlich* und nicht mit politischen Programmen und Ideen herantritt. Man kann nur real vorhandene Freiheitsumstände organisch entwickeln und ihre Hindernisse beseitigen. Man kann nicht gesetzlich [!] garantierte Freiheiten einem kranken sozialen Organismus aufsetzen« (nur 1946: S. 191f).

organische Entwicklung

115

Als *die* Rechtfertigung der Herrschaft wurde von Anfang an neben dem Verweis auf die (angeblich) *göttliche* Einsetzung des Herrschers auch die (angeblich) *natürliche* Angemessenheit der Herrschaft als Prinzip der Organisation von Gesellschaft aufgeführt. Beide Formen der Rechtfertigung stützten einander: Da die Natur von Gott (oder von den Göttern) stamme, drücke sich dessen (oder deren) Wille indirekt in ihr aus, und ihr zu folgen, ist genauso ein Gebot der Vernunft wie eine religiöse Pflicht. Den Griechen der Antike war es völlig klar, dass es *geborene* Sklaven gäbe, natürlich keine Griechen, sondern andere Völker. Dass die Römer diese Ansicht gern übernahmen, es dann allerdings auch die Griechen selber traf, die nach ihrer Niederlage gegen die Römer »natürlicherweise« deren Sklaven waren, ist eine der wirklich gelungenen Späße der Weltgeschichte.

repressive Natur 1

116

Ob's nun um Sklavenbesitzer, Feudalherren, Monarchen oder Aristokraten ging, so unterschiedlich die Formen einer herrschaftlich strukturierten Gesellschaft auch waren, stets sollten

sie angeblich im Einklang mit der »natürlichen Ordnung«
stehen. Ob es etwa darum ging, Genuss von Alkohol, Tabak
oder halluzinogenen Stoffen zu verbieten, ob etwa ein Verbot
von Vielehe (oder Einehe), gemischtrassigem Heiraten (in den
USA stand das bis 1967 bei 16 Bundesstaaten unter Strafe) 1967
und Homosexualität gerade *cool* waren, oder ob man etwa es
unabdingbar fand, Frauen, Andersrassigen und weiteren ver-
meintlich Unbegabten den Zugang zu Bildungsinstitutionen
zu verweigern (bezogen auf Frauen leider wieder ein aktuelles heute
repressive Thema in islamistischen Staaten), durfte ein Rückgriff auf die
Natur 2 »Natur« nicht fehlen.

117

Aufklärung Die Aufklärung setzte diesem blinden Gehorsam gegenüber 1680
einer aus der Natur heraus legitimierten Herrschaft mit der
Betonung der Vernunft jedes Einzelnen Widerstand entgegen.
Nicht die Natur sollte mehr über die Menschen herrschen,
sondern die Menschen sollten mit Vernunft über die Natur
herrschen, nicht aber gegenseitig über einander. Doch auch die
Aufklärung kam ohne einen erneuten, wenn auch veränderten
Rousseau Rückgriff auf die Natur nicht aus. Jean-Jacques Rousseau etwa
forderte eine »natürliche Religion« sowie ein »Zurück zur 1762
Natur!«, was ihm heute ironischerweise genau von denen vor-
gehalten wird, die sonst nicht genug darauf pochen können,
dass die Linken die Natur des Menschen leugnen würden und
repressive es wieder darauf ankomme, der (o Mann, Schreck lass nach)
Natur 3 natürlichen Ordnung zu folgen.

118

ABER auch die Dekonstruktion des Naturbegriffs konnte sich,
anders als die Aufklärer es sich gedacht und erwünscht hatten,
repressive zur neuen Form der Rechtfertigung von Herrschaft mausern.
Rationalität Die Möglichkeit, vermittels rationaler Planung Menschen und
Umwelt scheinbar »optimal« zu formen, wuchs sich zu einem

Programm aus, welches einen omnipotenten, gleichsam gott- *Staat*
gleichen Staat schuf, der alles zu regeln, zu kontrollieren und
zu überwachen hatte. Der eine Schritt in diese Richtung war
der Staatskommunismus, wie er sich in der UdSSR etablieren
1917 konnte. Ohne Gott und mit nahezu keinerlei Respekt vor der *ni Dieu,*
Natur, weder Mensch und Tier noch Pflanze und Erde, sollte *ni nature*
eine Gesellschaft aus dem Boden gestampft werden, in der
alles *reibungslos* läuft. Herausgekommen ist unumschränkter *unorgiastisch*
Terror gegen die Menschen und eine beispiellose Verwüstung
der natürlichen Ressourcen.

119

1970 Während diese Form des von F. A. Hayek so genannten »Kon- *Hayek*
struktivismus« grandios gescheitert ist (gescheitert gemessen
an den Versprechungen, das Paradies auf Erden herzustellen),
ist die andere Version dieses Konstruktivismus im Westen
heute momentan das herrschende Modell. Der Anteil der Natur am
menschlichen Dasein wird gleichermaßen auf ein Minimum
heruntergeredet und die zentralstaatliche Planung als Hort
der Rationalität angepriesen, doch steht angeblich das Interesse jedes einzelnen Individuums im Mittelpunkt, seine Gesundheit, sein Wohlstand, seine gesellschaftliche und sexuelle
Orientierung, all das solle gewahrt und optimal in der Gesellschaft aufgehoben werden (man beachte den dialektischen
Doppelsinn dieses Wortes, auf den G. F. W. Hegel aufmerksam *Hegel*
zu machen wusste). Überdies wahrt man anders als im Staatskommunismus sowjetischer Prägung rudimentäre Formen
von Demokratie, Rechtsstaatlichkeit und Meinungsfreiheit.

120

Man sollte allerdings sich keinen Illusionen hingeben, dass an-
1944 betrachts dieser schlimmen »Dialektik der Aufklärung« eine *Gegen-*
Gegenaufklärung helfe, die die Natur erneut in ihr Recht ein- *aufklärung*
setzt. Der Faschismus, besonders in der Form des deutschen

repressive
Natur 4 Nationalsozialismus, berief sich wieder auf die Natur, auf die angeblich natürlichen Rassenunterschiede, auf die angeblich natürliche Hierarchie bis hin zum omnipotenten Führer, auf die Natürlichkeit der Familie, die das Kanonenfutter für die expansionistischen Träume des Führers liefern sollte usw. Das Ergebnis dieser dem Staatskommunismus in gewissen Hinsichten diametral entgegengesetzten Ideologie war eine gesellschaftliche Struktur, die auf gespenstische Weise dem Staatskommunismus glich. Genau diese *strukturellen* Ähnlichkeiten von (Staats-) Kommunismus und Faschismus ungeachtet der Ernst Jünger ideologischen Gegensätzlichkeiten verdichtete Ernst Jünger 1930 in der Gestalt des *Arbeiters*. In der Gestalt des Arbeiters 1930 sah er damals die kollektivistische Zukunft heraufkommen. Von heute aus gesehen, also von einem Standpunkt, der die heute Gestalt des Arbeiters überwunden hat, muss man jedoch feststellen, dass sogar diese Analyse zu kurz gegriffen war: Auch in der Zeit nach der Herrschaft des Arbeiters ist Kollektivismus als zentrales Merkmal erhalten geblieben, selbst wenn er heute in der Gestalt des Individualismus daher kommt. Ernst Jünger ist ebenso 'n schwieriger Held, den ich neben Wilhelm Reich stelle, obwohl sie sich ja nicht gemocht haben mögen. Buchrücken an Buchrücken haben sie keine Wahl.

121

Ideologie Wir sehen also, dass es nicht auf den Inhalt der Ideologie von Herrschaftsrechtfertigung ankommt. Keine Ideologie schützt vor dem Umschlag in Diktatur und Terror. Vielmehr wäre es der Gesichtspunkt der Freiheit, der eingeführt werden müsste, um die menschenverachtenden Formen von Gesellschaftlichkeit zu verhindern. Es führt ebenso zu Menschenverachtung, jedem einzelnen Menschen ein stereotypes Bild »der« Natur überzustülpen, wie allen Menschen ihre Natur abzusprechen und sie zur Manövriermasse von staatlichen Maßnahmen zu machen.

122

Die gesellschaftliche »Plan-« und »Machbarkeit« gegenüber Mensch und Natur sind es, die es zu bekämpfen gilt. Ein Sinnbild hierfür ist die »Kampagne zum Töten der Spatzen«, 1958 von Mao Zedong initiiert als Teil der »Ausrottung der vier Plagen«. Die Spatzen sah Mao als verantwortlich an für den Rückgang der landwirtschaftlichen Produktion in der Zeit des »Großen Sprungs nach vorn«. Das ganze Volk inklusive Schulkinder – heute könnten wir vom Greta-Effekt sprechen – wurde mobilisiert, um die Spatzen zu töten, auch diejenigen in den Städten, die der landwirtschaftlichen Produktion niemals gefährlich werden konnten. Infolge dieser überaus erfolgreichen Kampagne erlebte China zwar eine Insektenplage, jedoch keinerlei Zunahme der landwirtschaftlichen Produktion (vielmehr kam es wegen der Planmisswirtschaft zu einer der größten Hungerkatastrophen der Menschheitsgeschichte).

1958

除四
害

heute

123

Früher wusste die Umweltbewegung, dass flächendeckende, staatlich gesteuerte Großmaßnahmen nur schädlich wirken können, wogegen Ökosysteme dezentral funktionieren und dezentral verteidigt werden müssen: So ließe sich im Einklang mit der Natur leben. Inzwischen haben die Protagonisten die Weisheit leider verloren und sind gleichsam zu den Zauberlehrlingen Mao Zedongs geworden.

vor
1980

Ökosysteme

124

Die Behauptung, es gebe keine Natur des Menschen, dieser sei vielmehr *ausschließlich* das Produkt der sozialen Verhältnis sowie seiner persönlichen psychosozialen Biografie, wird heute gern als »links« (sowie wissenschaftlich einzig korrekt) bezeichnet, von verschwörungstheoretischer Seite aus mitunter auch als »neo-« oder »kultur-marxistisch«. Die Bezeichnung als »links« hat, weil »links« an sich ein politisch inhaltsloser

naturlos

unglücklich

heute

links

[81]

Ausdruck ist, etwas Beliebiges an sich. Die Bezeichnung als
marxistisch? »neo-« oder »kultur-marxistisch« leuchtet jedoch überhaupt
nicht ein. Der Ursprung der Ablehnung des Konzepts einer
Behaviorismus Natur des Menschen stammt aus der Psychologie des Be- 1953
haviorismus (»alles Verhalten kann als Resultat von Reiz und
Reaktion beschrieben werden, ist also konditioniert«) und der
Sozialisations- Sozialisationstheorie (»die Biografie eines Menschen folgt den 1951
theorie Bahnen, die durch die Bedingungen und Umstände des Aufwachsens vorgegeben sind«), die seinerzeit niemals als links
galten oder unter Marxisten irgendeiner Flagge großen Jubel
hervorriefen.

125

Behaviorismus sowie Sozialisationstheorie wurden durch die
in den 1950er und 1960er Jahren *herrschenden* Kräfte, die sich 1950ff
bügelfrei? als »ideologiefrei« und unabhängig von den alten Kategorien 1960ff
»links« und »rechts« sahen, dahingehend interpretiert, dass
Menschen zur beliebigen Verfügungsmasse der behördlich-
staatlichen Maßnahmen bereit stünden. Man könne zum Beispiel planen, wieviele Menschen eine welche Qualifikation erlangen müssten, um den Bedarf »der« Wirtschaft zu decken.
Man könne beliebiges sozial erwünschtes Verhalten *qua* der
geeigneten Maßnahmen in den Erziehungsinstitutionen er-
zeugen (und müsse dafür vor allem die Widerstände der rück-
wärtsgewandten familiären Sozialisation mit ihren wissenschaftlich unqualifizierten Erziehungspraktiken überwinden).
Obwohl dies heute gefährlich nach dem Denken einer staat- *heute*
lichen Planwirtschaft klingt, war es damals ganz im Gegen- *damals*
teil Teil der Ideologie des westlichen »Antikommunismus«.
Hayek F. A. Hayek subsummierte die Ansätze des Behaviorismus
und der Sozialisationstheorie unter »Konstruktivismus«.
Konstruktivismus ist nicht nur die hilfloseste der Strömungen
in der Philosophie, darüber hinaus mündet er auch viel zu oft
in eine brutale Form der Politik. Heute dominant.

[82]

126

Marxisten haben beides, Behaviorismus und Sozialisationstheorie, dagegen als »bürgerliche Wissenschaft« abgelehnt, sowohl dogmatische Staatskommunisten des Ostblocks als auch
1964 neomarxistische »Neue Linke« im Westen. Der Marxismus
knüpfte an den philosophischen Materialismus an, welcher Materialismus
die menschlichen Verhältnisse statt aus geistigen Konzepten
aus natürlichen Gegebenheiten erklären wollte, ja geradezu
mit naturwissenschaftlichem Anspruch. Die Reduzierung des
»Materialismus« zu einer einseitigen Ausrichtung auf Geld-
erwerb war eine von außen herangetragene Unterstellung.
1877 Der dialektische Materialismus, den Karl Marx, vor allem jedoch Friedrich Engels entwickelte, gab indessen zu, zwischen Engels
der materiellen und geistigen Sphäre herrsche eine Wechsel-
wirkung. Der seit geraumer Zeit führende linke Intellektuelle
der USA, Noam Chomsky (kein Marxist, eher Anarchist), Chomsky
trat wissenschaftlich mit der These hervor, dass Menschen
1955 eine bestimmte Grammatik *eingeboren* sei, aus welcher heraus
die jeweiligen Einzelsprachen sich entwickeln konnten (nach
Chomsky wäre ohne die Annahme einer solchen eingeborenen
»generativen« Grammatik nicht erklärbar, wie Sprache überhaupt gebildet würde).

127

Während frühere Konservative sich über den Materialismus Konsevative
nicht genug echauffieren konnten, dem sie den Vorrang des
Geistigen in der Menschenwelt entgegen stellten, machten sie
gegen jedwede Strategie der Veränderung des Bestehenden,
gegen Liberalismus, Sozialismus und Anarchismus, geltend,
diese würden der »Natur des Menschen« widersprechen.
Nach ihrer Auffassung waren zunächst die feudalistischen, ab-
solutistischen und monarchistisch-aristokratischen Systeme,
später der demokratische Parlamentarismus die objektiv der
Natur des Menschen einzig angemessenen Formen des Zu-

sammenlebens. Je nach der Position im herrschenden System schlossen Liberale sich dieser Sichtweise an. Mitte der 1960er Jahre etwa behauptete der sozialpseudoliberale Soziologe Ralf Dahrendorf, Herrschaft sei ein konstantes Merkmal von Ge- 1964 sellschaft; eine Gesellschaft ohne Herrschaft sei schlechterdings unnatürlich.

Dahrendorf

1964

128

Auch heute ist die Ideenlage weit komplexer, als auf den ersten heute Blick es scheint, wenn man sagt, »die« Linke würde jede Natur des Menschen verleugnen. Sicherlich ist das hinsichtlich etwa der Behauptung, es gebe keine Rassen, kein natürliches Geschlecht oder keinen Einfluss des Erbes auf die Intelligenz, der Fall. Doch bezogen auf andere entscheidende Fragen frönt die gleiche Linke einem kruden materialistischen Biologismus, so in den Bereichen der Gesundheit, der Sucht oder des Ökosystems. Darüber hinaus geht sie davon aus, dass der Mensch als Einzelwesen natürlicherweise sich gierig, geizig, dumm und asozial verhalte sowie dass er die falschen Entscheidungen bezogen auf sich selber und auf Andere fälle, dagegen als Mitglied einer (Wähler-)Masse auf einmal sozial aufgeschlossen und vernünftig sei, also entsprechende Voten bei einer Wahl abgebe.

heute

Biologismus, links reloaded

Unzweifelhaft gilt für den Menschen alles in allem, dass sowohl das biologische Sein einen starken Einfluss aufs Leben hat, als auch, dass die sozialen und materiellen Bedingungen seines Aufwachsens und gegenwärtigen Lebens eine Rolle spielen. Für das eine Merkmal oder die eine Verhaltensweise mag einer der beiden Faktoren, Erbe und Umwelt, mehr ins Gewicht fallen als der andere; insgesamt wird es aber wohl keinen Bereich geben, in dem nicht beide Faktoren beteiligt sind. Darüber hinaus kommt eine sinnvolle Anthropologie jedoch auch nicht ohne noch einen zusätzlichen Faktor aus: das Denken und Entscheiden. Überhaupt irgendeine Forderung

biologisch sozial

Entscheiden

[84]

zu stellen, die Gesellschaft so oder so einzurichten, oder auch jeden Eingriff in freiwillige Entscheidungen der Einzelnen zu unterlassen, setzt voraus, dass Menschen mehr sind als bloß das Resultat der beiden Faktoren Erbe + Umwelt. Sie müssen sich tatsächlich wenigstens ein bisschen von beiden Faktoren unabhängig machen und für etwas entscheiden können. Der führende Theoretiker der Soziobiologie, Richard Dawkins, Dawkins sagt, der Mensch – und bloß der Mensch – könne sich aus der 1976 »Tyrannei der Gene« befreien.[57]

129

Handeln, Entscheiden, (freier) Wille, sind für Soziologie und Handeln Psychologie, aber auch die Erziehungswissenschaft (anders als für die frühere Pädagogik) ein schwerwiegendes Problem: Sie machen, dass nichts *vorhersagbar* ist, weil es den Schnittpunkt vieler einzelner Akteure bildet. Jeder Akteur hat seine eigene Rationalität und seine eigenen Interessen im Blick, doch die Summe bleibt im Dunklen wie das Schwarze Loch. Auch Big Data ist ratlos. Letztlich rettet uns das vorm Stalinismus des herrschenden Konstruktivismus: Er wäre nicht in der Lage zu sagen, was wir tun und lassen werden. Auch er bleibt darauf verwiesen, dass die Anarchie – oder in den Begriffen von Wilhelm Reich: die Arbeitsdemokratie – unterhalb der Plan- und Bevormundungsbürokratie der EUdSSR funktionsfähig EUdSSR bleibt. Mit dem Pfund müssen wir wuchern und es gegen ihn 2016 richten. Brexit für alle.

57 Richard Dawkins, *Das egoistische Gen* (1976-1994), Reinbek 1996, S. 322. Zu Dawkins und der Soziobiologie wäre noch allerlei anzumerken, zu Ruhm und Ehre wie zur Schande, aber das führte doch zu weit weg von Wilhelm Reich und der *Massenpsychologie des Faschismus*. Nota bene: Der, der den Begriff der Soziobiologie 1975, ein Jahr vor Dawkins, prägte, Edward O. Wilson, seines Zeichens Ameisenforscher, hat 2010 widerrufen. Die Soziobiologie sei gescheitert. Auch so ein Held. Da hat er 35 Jahre für eine Theorie gestritten, die er dann empfiehlt, aufzugeben. Überstürzt. Er kann sich nicht vorstellen, dass sie *partiell* wahr sei, aber zusätzliche Faktoren berücksichtigt werden müssten.

Verbesserung »Die Bourgeoisie reißt durch die rasche Verbesserung aller 1848
+ Erleichterung Produktions-Instrumente, durch die unendlich erleichterten
+ Kommunikationen alle, auch die barbarischsten Nationen in
Wohlfeilheit die Civilisation. Die wohlfeilen Preise ihrer Waaren sind die
= schwere Artillerie, mit der sie alle chinesischen Mauern in den
Fremdenhass Grund schießt, mit der sie den hartnäckigsten Fremdenhaß
kapituliert der Barbaren zur Kapitulation zwingt.«

Karl Marx u. Friedrich Engels, *Manifest der kommunistischen Partei*, 1848.

DIALEKTISCHES
KAPITALISMUSBEGRIFF

130

Solange man im Bereich der reinen Begriffsdefinition verweilt, Definition
ist der Begriff nichts als ein Zeichen, das mit beliebigem Inhalt
willkürlich gefüllt werden kann. Es gibt hier kein richtig und
falsch, sondern erforderlich ist dann einzig, die Füllung des
Zeichens durch einen Autor zu kennen. Doch: Sprache lässt
sich bekanntlich nicht in mathematischer Weise konstruieren.
In Wirklichkeit eignet Begriffen eine sprachliche Eigenlogik,
die bedacht werden will.

131

1933 1933 legte Wilhelm Reich unzweifelhaft den Kapitalismusbegriff der bolschewistisch ausgerichteten KPD zugrunde.
Einerseits ging dieser Kapitalismusbegriff von einer engen
Verflechtung des Großkapitals mit dem Staat aus, von Lenins Lenin
1916 These des »Imperialismus als höchstes Stadium des Kapitalismus« (vor seinem Untergang); andererseits implizierte er,[58]
dass dieser staatsmonopolistische Kapitalismus unausweichlich aus den einfachen unregulierten Tauschhandlungen der
Menschen hervorgehe. In der Sowjetunion unter Stalin hat
1929ff man als Kulaken (Großbauern) Menschen enteignet, verfolgt,
zwangsumgesiedelt und ermordet, die marginal mehr besaßen
als die übrigen Dorfbewohner. Da nun (fast) jede menschliche
Tätigkeit *irgendeinen* ökonomischen Aspekt hat, also irgendeine Ressource verbraucht oder irgendeine Tauschhandlung
auf freiwilliger (unregulierter) Basis einschließt, bedeutet die
Theorie, dass jede Tätigkeit außerhalb der staatlichen Planung
und Genehmigung tendenziell kriminalisiert wird.

58 Wider alle Theorie von Karl Marx. Vgl. Stefan Blankertz, *Mit Marx gegen
Marx: 11 x 11 Thesen*, Berlin 2014 (edition g. 111).

[87]

132

Wilhelm Reich beginnt, diese Problematik zu realisieren, wie
seine Ausführungen zur »Arbeitsdemokratie« belegen; doch
zu einer konsequent neuen Sichtweise gelangt er nicht. Das,
was er in den m. E. unglücklich gewählten Begriff »Arbeitsdemokratie« fasst, ist im Grunde genommen nichts weiter
als das Wirtschaften nach dem Prinzip der Freiwilligkeit, ist
Kapitalismus. Doch diesen Begriff umzuwerten, traute er sich
nicht. Der Begriff »Arbeitsdemokratie« ist darum unglücklich
gewählt, weil in der realen Demokratie es nie um freiwillige
und direkte Absprachen zur Kooperation vor Ort Betroffener
geht, sondern um Konstitution abstrakter Mehrheitsvoten,
welche über andrer Leute Belange herrschen.

Arbeits-
demokratie 1943

133

»Kauft ein Bauer ein Pferd, so wird er es in jeder Weise ent-
werten. Verkauft er das gleiche Pferd ein Jahr später, so wird es
jünger, besser und tüchtiger geworden sein als ein Jahr vorher«
(1946: S. 67; identisch 1933: S. 83). Betrug als Grundmotiv
kapitalistischer Wirtschaftsweise ist ein gängiges Motiv, lange
bevor der Kapitalismus zu Selbstbewusstsein erwacht war.
Der Händler war schon immer verdächtig gewesen. Zugleich
gibt es keine Berufsgruppe der Welt und der Geschichte, die
unter dem Druck der Verhältnisse zu mehr Ehrlichkeit gefunden hat als die Händler. Der Händler, der betrügt oder
auch nur schwindelt, verschwindet vom Markt. So einfach ist
das. Das ist der evolutionäre Druck. Wem dagegen das Mittel
der Gewalt zur Verfügung steht, um der Kooperation wider-
strebende Personen zum Mitmachen zu zwingen, tendiert zu
Ungerechtigkeit, zum Betrug, zum Vorgeben uneigennütziger
Motive. Würden die Unterdrückten begreifen, dass nicht der
Händler, sondern der Gewaltherrscher ihr Unglück sei, wäre
schon fast alles gewonnen.

»Auftreten und Benehmen der kleinen Geschäftsleute zeugen

auf dem
freien Markt 1933|46

1933|46

in Überhöflichkeit und in Unterwerfung unter den Kunden von dem grausamen Zwang der wirtschaftlichen Daseinsweise, die den besten Charakter auf Dauer verbiegen muß« (1946: S. 67; identisch 1933: S. 83). Die ganze »emotionelle Pest« des Antikapitalismus lässt sich aus diesen Worten erschließen. Dass man auf die freiwillige Zustimmung der Mitmenschen angewiesen sei, um einen Handel abzuschließen oder eine gemeinsame Produktion zu starten, wird hier als »grausamer Zwang« charakterisiert. Die Alternative zu solch »grausamem Zwang« kann nur sein, dem Mitmenschen mit vorgehaltener Knarre abzuverlangen, was man begehrt. Oder man setzt auf entfernte staatliche Prozesse, die die Gewalt zwar in ihrer Struktur verstecken, jedoch nicht weniger gewalttätig sind. Dies ist unmittelbar klar. Warum geben sich Autoren, auch so erleuchtete und selbst so verfolgte wie Wilhelm Reich, dafür her, hier Nebel zu werfen und die Sache zu verunklaren? Sie sind unzufrieden mit dem, was als Ergebnis aus der freiwilligen Interaktion erwächst. Sie verfallen in die Fantasie, wenn die (Staats-)Gewalt ihnen zu Diensten stünde, würden sie alles zum Besten für Alle wenden können. Doch sie sind nichts als verhinderte Hitlers und Stalins.

Zwang?

Gewalt, strukturell

134

Und genau so ist es: Wer immer verlangt, dass er mit Gewalt ausgestattet werde, um irgend jemanden – ob einen Einzelnen oder eine Masse – zu retten, der lügt. Wer in der Lage wäre, irgend jemanden zu retten, würde dessen Zustimmung erlangen und bräuchte keine Gewalt. Also. Habe keine Angst, dich deines eigenen Verstandes zu bedienen und höre auf, denen zu vertrauen, die dir einflößen, dass sie nur Gutes tun könnten, wenn sie mit Macht ausgestattet seien. Wer mit Macht (mit Staatsgewalt) ausgestattet ist, ist eben der clevere Verbrecher, der erfolgreiche Mafiosi, letztlich der herrschende Politiker, der versteht, wie du reinzulegen bist.

Macht

»Entgegen allen Versuchen, Herrschaft zur Elementarstruktur 1979
aller menschlichen Gesellschaften zu hypostasieren, wird hier
die Position vertreten, daß als Elementarformen menschlicher
Vergesellschaftung Gleichheit, Gegenseitigkeit, Kooperation,
Solidarität, Opposition, Normativität zu begreifen sind – daß
Herrschaft politische Herrschaft aber nicht zu ihnen gehört. [...]
Meine Theorie [wendet sich] gegen die Verharmlosung der
Herrschaftsproblematik als eines Oberflächenphänomens.
[...] Auch wenn ich die zugespitzte Formulierung von Pierre
Clastre[s],[59] der [...] die politische Zentralisierung als den 1974
vorgängigen Prozeß bezeichnet, in dieser Allgemeinheit mit
Skepsis betrachte, so gilt sie doch zumindest für zahlreiche
Fälle der Entstehung von Klassenstrukturen.
Die Bedeutung von Herrschaftsverhältnissen für die gesell-
schaftliche Evolution, für die Ausbildung von Klassengesell-
schaften und ihre perennierende gesellschaftliche Funktion
hat Marx [...] formuliert. [...] Um so auffälliger ist der Abfall 1858
in den Ökonomismus, den wir in Engels' *Anti-Dühring* fest- 1877
Gewalt stellen [...]: ›Gewalt spielt [bei der Entstehung der Klassen-
gesellschaft] gar keine Rolle.‹[60] [...] In mechanistischer Weise
[sieht Engels] das Verhältnis von Ökonomie und Politik als
determiniert.«
Christian Sigrist, im Vorwort zur Neuauflage der *Regulierten
Anarchie* (1967), Frankfurt/M. 1979, S. XIIff.

---

59 Gemeint ist Pierre Clastres, *La Société contre l'État* (1974), dt. *Staatsfeinde:
Studien zur politischen Anthropologie* (1976).
60 Zitat aus dem *Anti-Dühring* (1878). Marx sah das bekanntlich ganz anders:
Gewalt (Raub) stehe im Anfang für die »kapitalistische Akkumulation«.

DIALEKTISCHES
ETHNOLOGIE

135

1933 Schon 1933, dann allerdings zunehmend, verlagerte Wilhelm Reich das Verhängnis des Menschen aus dem Kräfteverhältnis gegenwärtiger (ökonomischer) Interessen in tiefe Vergangenheit. Doch was geschah dort? Und wie lässt sich rückgängig machen, was uns über Jahrtausende bestimmt hat? Reich ging 1861 von einer »mutterrechtlichen Urzeit« aus. Dies entsprach damals tatsächlich dem Forschungsstand (wenn er auch damals bereits Kritiker auf den Plan rief) und muss heute sicherlich in vielen Punkten korrigiert werden. Doch ist dies nicht das meines Erachtens entscheidende Problem. Vielmehr bleibt Wilhelm Reich ganz und gar der Betrachtungsweise von 1884 Friedrich Engels verhaftet, nach der es das Aufkommen des Handels, des Tausches und der stammesübergreifenden Kooperation gewesen sei, das zunächst die Familie und dann den Staat hervorgebracht habe, und zwar in Zwangsläufigkeit.

(Randglossen: 1861 Urzeit; 1884 Engels; Familie und Staat)

136

1933|46 Die »mutterrechtliche Urzeit« (1946: S. 47; identisch 1933:
1946 S. 46) gehe über in die »vaterrechtliche Ehe und Familie«
1933 (1946: S. 48; Fassung 1933, S. 49: »monogame Ehe und die
1946 vaterrechtliche Familie«), konstituiere die »patriarchalische autoritäre Gesellschaft« (nur 1946: S. 92). Wilhelm Reich ist
1933|46 sich sicher, »daß es sich beim mutterrechtlichen und beim vaterrechtlichen Menschen um Grundverschiedenes handelt« (1946: S. 135; identisch 1933: S. 195). Entscheidend ist für
1946 ihn der »Übergang der gesellschaftlichen Organisation vom Natur- und Mutterrecht zum Vaterrecht und damit zur patriarchalischen Klassengesellschaft« (nur 1946: S. 141). Doch wie lief dieser Übergang ab? Häuptling – Stammesherrschaft

[91]

– Tauschverhältnis (1946: S. 95; identisch 1933: S. 133). So 1933|46
Engels wenig wie Friedrich Engels gelingt es Wilhelm Reich, ein 1884
Agens der Verwandlung der vor-staatlichen in die staatliche
Gesellschaft zu nennen (vgl. 1946: S. 216). Im passivischen 1946
ES »verwandelt sich« (1946: S. 97; identisch 1933: S. 137) er- 1933|46
schöpft sich die Erklärung. Keine Ursache, nirgends. Schicksal. Katastrophe. Eine schwache Leistung für jemanden, der
vom dialektischen und historischen Materialismus herkommt,
der angetreten war, um die Geschichte aus (ökonomischen)
Interessenslagen der Handelnden zu erklären. Nun sah Wilhelm Reich ein, dass die rein ökonomische Betrachtung nicht
hinreicht. Hiermit scheint ihm *jede* Erklärungsmöglichkeit ab-
handen gekommen zu sein.

137

Oft ist nicht klar, ob Wilhelm Reichs Begriff der »autoritären
Familie Familie« ein Pleonasmus sein soll, oder ob es ihm zufolge
neben der *autoritären* Form auch eine *nicht-autoritäre* Familie
gibt oder geben kann. Jedenfalls besteht nach Reich ein starker
Zusammenhang von Familie – Heimat – Nation (Staat) (vgl.
z. B. 1946: S. 70f; identisch 1933: S. 91). Eine Formulierung 1933|46
von 1933, in der dieser Zusammenhang besonders stark her-
ausgestellt wird, hat Reich 1946 allerdings gestrichen: »Der 1933
politische Reaktionär setzt also eine innige Verbindung von
Familie, Nation und Religion voraus« (1933: S. 188; 1946
müsste sie auf S. 128 erscheinen). Die (autoritäre) Familie sei
»erste und wesentliche Reproduktionsstätte jeder Art reaktio- 1946
nären Denkens, sei »reaktionäre Ideologie- und Struktur-
fabrik« (1946: S. 73; 1933 »Reproduktionsstätte des kapitalis- 1933
tischen bzw. privatwirtschaftlichen Systems«, S. 95). Und
dann gibt's noch die Erweiterung zur »autoritären und kinder-
reichen Familie« (1946: S. 73). Familien mit weniger Kindern
oder gar nur einem, wie sie heute vorherrschen, wären mithin heute
weniger repressiv?

[92]

138

Bedeutsame Veränderung auch bei der Ethnologie von Staat
1933 und Familie. In der Fassung von 1933 (S. 154) schreibt Wilhelm Reich, »die privatwirtschaftliche Klassengesellschaft« Klassen-
reproduziere sich »mit entscheidender Hilfe der Familie in gesellschaft
Gestalt bestimmter massenindividueller Strukturen«. Daraus
1946 wird 1946 (S. 108): Die autoritäre Gesellschaft reproduziere
sich »mit Hilfe der autoritären Familie«. Hier fällt auf, dass er
1933 in der Fassung von 1933 ganz im Sinne der Lehre nach Friedrich Engels, die der (Staats-) Kommunismus dogmatisiert hat,
von einer Klassengesellschaft ausging, welche durch »Privat-
wirtschaft« (durch den anarchischen Markt) entstanden sei
und die Familie sowie schließlich den Staat als notwendiges
Instrument zu ihrer Aufrechterhaltung schuf. 1933 ist Familie
also noch ohne den Zusatz »autoritär« gebraucht, das heißt,
die Familie *an sich* dient der Klassengesellschaft als ihr Aus-
1946 druck. 1946 geht es Reich dann um die Aufrechterhaltung der
»autoritären Gesellschaft«; er nimmt keine wirtschaftliche
Klassifikation mehr vor, und die Familie wird mit dem Zusatz
»autoritär« versehen, offenbar um anzudeuten, dass es tatsächlich möglicherweise alternative Formen familiären Zusammenlebens gibt (geben *könnte*), die *nicht* autoritär sind.

139

1946 »Der Staat war ursprünglich mit der Gesellschaft identisch; er Staat
ging aus ihr hervor und entfremdete sich ihr im Laufe der
Jahrtausende immer mehr als eine über ihr und gegen sie
tobende Gewalt« (nur 1946: S. 242). Die Kennzeichnung des
Staats als (gegen die Gesellschaft) »tobende Gewalt« ist hier
hervorzuheben, aber auch das einzig Wahre in diesen Worten.
Sie legen ein idyllisches Bild nahe, das vorgaukelt, die Hirn-
1651 gespinste eines Thomas Hobbes oder Jean-Jacques Rousseau, Hobbes,
1762 im Anfang habe die (friedliche) Einigung der Menschen Rousseau
gestanden, einen Staat zu gründen, sei in irgendeiner Weise

historische Realität. Es bedarf nur einer oberflächlichen Konsultation von Ethnologie und Geschichtswissenschaft, um sich vom Gegenteil zu überzeugen. Sogar ein zeitgenössischer Anhänger der Theorie von Thomas Hobbes, Steven Pinker, konstatiert, anders als die Theorie von Hobbes besage, sei *keiner* der frühen Staaten ein Gemeinwesen, das durch einen zwischen seinen Bürgern ausgehandelten Gesellschaftsvertrag mit Macht ausgestattet worden wäre, vielmehr seien sie eher eine Art Schutzkartell gewesen, in dem mächtige »Mafiosi« den Einheimischen Ressourcen abpressten [*sic*] und ihnen im Gegenzug Sicherheit gegenüber feindlichen Nachbarn und untereinander anboten.[61] Der Staat ist bereits im Anfang ein extremes Gewaltverhältnis. Er geht aus Krieg, Erpressung, Eroberung und Versklavulvang hervor.

Steven Pinker (margin note, left)
2011 (margin note, right)

140

Zwar ist die Familie ohne Frage eine natürliche Form der Vergesellschaftung, denn sie kommt in der außer-menschlichen Natur (also im Tierreich) vor, ist dort jedoch keineswegs universell. Auch bei höher entwickelten Tieren mit intensiver Brutpflege sind konstante Partnerschaft und die gemeinsame Fürsorge durch Mutter und Vater eher die Ausnahme als die Regel. Vorübergehende Kleinfamilien finden wir am ehesten bei Vögeln vor, aber selten eine lebenslange Monogamie. Bei anderen geselligen Tieren haben wir es meist mit Harems- oder Clan-Strukturen zu tun, auch und besonders bei den Primaten, den nächsten Verwandten der Menschen. Alles, was wir über die Herkunft und die Entwicklung des Menschen wissen, legt nahe, dass ursprüngliche Form der menschlichen Gesellschaft der (Familien-) Clan sei. Verschiedene Kulturen handhaben das Clan-Verhältnis von Frauen zu Männern aber unterschiedlich. – Der Clan also ist die ursprüngliche Solidar-

Familie (margin note)
Natur (margin note)
Clan (margin note)

61. Vgl. Stefan Blankertz, *Widerstand: Aus den Akten Pinker vs. Anarchy*, Berlin 2016 (edition g. 110). (So auch *Bourdieu* 1991, S. 233.)

gemeinschaft und diese war keineswegs territorial definiert,[62] sondern über die Verwandtschaft, denn die Menschen waren ursprünglich Nomaden, die Territorien bloß vorübergehend besaßen.

Verwandtschaft ist bis heute wichtig; ihre Wichtigkeit hat jedoch stetig abgenommen im Laufe der menschlichen Entwicklung, allerdings mit bezeichnenden Wellenbewegungen. Die Abnahme der Bedeutung von Verwandtschaft hat drei Ursachen, von denen die ersten beiden Ursachen der dritten Ursache gegenüber insbesondere widersprechen.

abnehmende Bedeutung

141

Die *erste* Ursache für die abnehmende Bedeutung der Verwandtschaft ist ein zunehmender Wohlstand. Zunehmender Wohlstand bedeutet, dass das Interesse an individueller Entwicklung und an der Verwirklichung individueller Ziele mehr Raum bekommen kann in Relation zu den Sorgen um die unmittelbare Not und die unmittelbare Ernährung von einem selber und der Nachkommen sowie der Verwandten.

1. Ursache

142

Die *zweite* Ursache für die abnehmende Bedeutung der Verwandtschaft ist zunehmende Ausdehnung des gesellschaftlichen Raums. Wenn mehr Menschen und auch Menschen aus anderen Gegenden oder Clans kontaktierbar sind, bieten sich vielfältige Möglichkeiten, jenseits der eigenen Familie (des eigenen Clans) Freundschaften zu schließen oder produktive Zusammenhänge aufzubauen.

2. Ursache

143

Die *dritte* Ursache für die abnehmende Bedeutung der Verwandtschaft ist aber der Staat. Die Forderung nach religiöser

3. Ursache

62 Herrschaft sei der *Erzwingungsstab* (nach Christian Sigrist) und Staat der Anspruch auf *Gewaltmonopol* im *Staatsgebiet* über das *Staatsvolk*.

oder ideologischer Loyalität löst die Forderung nach verwandtschaftlicher Solidarität ab. Man darf und soll nun Vater und Mutter, Bruder und Schwester, Sohn und Tochter verraten, sogar töten, wenn sie religiös abweichen oder auf andere Weise sich illoyal zu dem jeweiligen Herrscher verhalten. Bourdieu »Man könnte den Prozess der Staatenbildung«, sagte Pierre Bourdieu 1991 im Rahmen seiner Vortragsreihe über den 1991 Staat (in der er Soziologie noch als »Waffe gegen das Staatsdenken« und nicht als Waffe für den Staat zur Entmündigung des Bürgers begriff), »wenigstens zum Teil als Prozess der défamilisation Entfamilisierung beschreiben.«[63]

144

Diese drei Ursachen sind bis heute universell zu beobachten und aktiv. So ist immer dann die Zunahme der Bedeutung des Clans zu verzeichnen, wenn staatliche Herrschaft abnimmt oder sie eine spezielle Gruppe innerhalb der Einwohner eines definierten Gebietes ausgrenzt, benachteiligt und drangsaliert. Auf diese Weise entstehen selbst in Gesellschaften, die wie die Bundesrepublik Deutschland hochgradig verstaatlicht sind, so Parallel- genannte Parallelgesellschaften durch Clans, denen Menschen 1996 gesellschaften angehören, die sich durch das herrschende System missachtet fühlen. Es ist völlig folgerichtig, dass der Hass aller derjenigen, die vom herrschenden System meinen zu profitieren, gegen die Clans sich richtet, und dass sie den Staat zur Zerschlagung der Parallelgesellschaften auffordern, selbst wenn sie sich als Opposition mitten unterm herrschenden System fühlen. Die Clanstruktur wird also immer dann wieder aktuell, wenn die staatlichen Versorgungssysteme und -netze nicht mehr greifen oder wenn sie gewisse Personenkreise außen vor lassen. Das heißt aber, dass die Clanstruktur nicht etwa ein historisches Stadium markiert, das ein für alle Mal überwunden wurde,

63 Pierre Bourdieu, *Über den Staat*, Berlin 2017, S. 505. Im Original (*Sur l'État*, Paris 2012, S. 483) »défamilisation«.

sondern immer dann wieder neu ersteht, wenn es notwendig ist; dies geschieht, weil die Clanstruktur einen natürlichen Ursprung hat.

145

Nun ist es aber nicht so, als ob die Clanstruktur ein Idyll darstellt, das es um jeden Preis ob ihrer Natürlichkeit zu erhalten gelte. Wenn es im Hochmittelalter hieß, »Stadtluft macht frei«, so war damit nicht nur gemeint, dass der Feudalherr in der (reichsfreien) Stadt keine Macht mehr ausübt, sondern dass man sich auch frei fühlen konnten von der Enge der Beaufsichtigung durch die Dorfgemeinschaft. Innerhalb der städtischen Gemeinschaft, die nun das schützende Dach bildete, entstand die so genannte »bürgerliche« Klein- oder Kernfamilie aus Vater, Mutter und Kindern. Sie war ab jenem Zeitpunkt die Keimzelle von Produktion, Versorgung und Solidarität im Bedarfsfall.

1218 · familienfrei

146

Erst der Kapitalismus machte es möglich, auch diese Keimzelle zu individualisieren. Die Frauen und die Kinder konnten sich in einer vordem undenkbaren Weise selber versorgen und im Konfliktfall eigene Wege gehen. Mit der verringerten Bedeutung der Familie für Versorgung und häusliche Arbeitsteilung wurde deren emotionale Bedeutung aber aufgewertet. War vordem hauptsächlich wichtig, dass ein jedes Familienmitglied funktional seine Aufgabe erfüllte (während andere Bedürfnisse wie etwa Wärme, Sympathie oder auch Sexualität außerhalb der Familie gesucht und gefunden wurden), wurde sie nun vor allem zum Zentrum der Emotionen. Der Staat griff auch in zunehmender Weise in die Familienstruktur ein, indem er definierte, was jedem Familienmitglied zustand, was es zu tun oder zu unterlassen hatte, ob Ehescheidung möglich war oder nicht. Es ist auf der anderen Seite kaum bekannt,

1770 · ökonomische Eigenständigkeit

dass im Mittelalter die wenigsten Ehen in den Kirchen geschlossen wurden, sondern die meisten Ehen ein einfaches
Konkubinat darstellten, das formal gesehen relativ problemlos
aufgehoben werden konnte.

147

Die Überfrachtung der Familie mit emotionalen Bedürfnissen
Psychoanalyse blieb nicht ohne Folge. Vor allem die Psychoanalyse deckte auf, 1890
welche Verheerungen sie anrichtete. Konservative Kritiker
werden bis heute nicht müde, der Psychoanalyse die Intention
der »Zerstörung der Familie« vorzuwerfen, während sie doch
nur protokolliert hat, was Fakt war (und ist). Die Familie ist
nicht nur ein Ort von Schutz, Wärme, sexueller Befriedigung,
gegenseitiger Unterstützung, sondern auch von Eifersucht,
psychischer und physischer Gewalt, Missbrauch, Kälte und
Verstümmelung. Dem Kapitalismus sei Dank, gibt es heute heute
Wahlmöglichkeiten: Familie für den, der sie will und für den
sie gut ist; Freundeskreise oder auch Einzelgängertum für
den, dem diese Lebensformen besser behagen. Diese Wahlmöglichkeiten gilt es zu verteidigen.

148

Die Entwicklung genau wie die Konstanten in der Geschichte
Natur? der Familie geben ein wundervolle Material für die Illustration
Kultur? der Frage ab, was natürlich und was kulturell sei.

149

Recht Der Staat hat schon immer behauptet, dass er und zwar nur er
Recht setzen könne. Ohne eine zentrale Instanz, wer wäre in
der Lage zu entscheiden, was denn nun Recht sei, wenn zwei
oder mehr Menschen im Streit liegen und sich nicht einigen
können? Nichts liegt uns heute näher, als in solch einem Falle
auf eine übergeordnete Instanz zurückgreifen zu wollen, die
entscheidet, wer denn obsiegen solle.

150

Diese Vorstellung hat jedoch ein theoretisches Problem und stellt eine praktische Falle auf. Das *theoretische* Problem lautet, wie denn die übergeordnete Instanz entscheiden solle, was Recht sei. Wenn diese Entscheidung rein willkürlich oder zufällig wäre, hätte sie keinen Anspruch auf den Begriff »Recht«. Die Konfliktparteien könnten sich dann auch darauf einigen, den Würfel entscheiden zu lassen. Die übergeordnete Instanz muss also auf etwas zurückgreifen, was ihr vorgelagert als »Recht« zu beschreiben wäre. Die *praktische* Falle des Rückgriffs auf das Recht, das die übergeordnete Instanz (willkürlich?) setzt, besteht darin, dass nun beide Parteien ihr Wohl und Wehe an diese Instanz unwiderruflich abtreten.

151

Einem solchen so genannten »positiven« Rechtsverständnis gegenüber haben Naturrechtler immer darauf hingewiesen, Naturrecht dass das Recht eben nicht willkürlich durch die Staatsgewalt gesetzt werden könne, sondern durch die Natur festgelegt sei. Dummerweise hat »die« Natur nirgendwo niedergelegt, wie ihr Recht aussehe, vielmehr gibt es nur die durchaus unterschiedlichsten Interpretationen von Naturrechtlern, was sie denn für das natürliche Recht halten. Abfall vom Glauben: Todesurteil! Homosexualität: Todesurteil! Drogen: Todesurteil! Abtreibung: Todesurteil! Rassenschande: Todesurteil! Verletzung der Familienehre: Todesurteil! Ehebruch: Todesurteil! Historisch und leider auch aktuell sind dies keine übertriebenen oder abseitigen Beispiele für das, was als »naturrechtlich« gilt, sondern gängige Praxis.

152

Denken und Vernunft sei für den Menschen zwar natürlich, Vernunft sagte der hochmittelalterliche katholische Philosoph Thomas von Aquin, zugleich damit hebe es ihn aber aus der Natur heraus. Man könne nicht durch das Beobachten, was in der außer-menschlichen Natur üblich, gängig oder Norm sei, ablesen, was für den Menschen gelten solle (leider hat er sich selber nicht immer an dieser seiner Einsicht orientiert). In der Natur kommt »Recht« nicht vor, es herrscht in ihr der Trieb und die Notwendigkeit. Kein Tier orientiert sich an menschlichem mutual Rechtsempfinden oder an menschlicher Moral. Es gibt gegen-aid seitige Hilfe, Solidarität, Fürsorge, Sympathie, Zärtlichkeit, 1901 auch Trauer, ebenso wie unfassbare Brutalität und Herzlosig- 1974 keit. Wer einmal ein Video sieht, in welchem gezeigt wird, wie Infantizid ein Löwe, gerade zum neuen Haremshalter einer Gruppe ge-worden, Kinder seines Vorgängers, die in Panik zu fliehen ver-suchen, totbeißt, während die Mütter tatenlos, ja, anscheinend desinteressiert zuschauen, der sollte in sich spüren, was diesen Unterschied ausmacht.

153

Vernunft Erst die Vernunft als außer-natürliche Instanz erschließt uns, dass wir nicht berechtigt sind, andere Menschen oder ganz all- Datum? gemein andere Lebewesen zu quälen.

154

Anspruch Recht ist *erstens* die Behauptung, Anspruch darauf zu haben, bestimmte Handlungen begehen (oder unterlassen) zu dürfen; *zweitens* die Forderung, dass bestimmte Handlungen von Andren zu unterbleiben (oder zu erfolgen) hätten. *Naturrecht* ist die Behauptung, dass die Unterscheidung zwischen dem, was getan werden darf und was nicht, auf natürlichen Gegeben-heiten basiere. Welche Gegebenheiten das seien und wie man sie zu interpretieren habe, ist unter den Naturrechtlern um-stritten. Aus der Tatsache, dass es unter Naturrechtlern keine Einmütigkeit gibt, darf logisch gesehen aber nicht geschlossen werden, die Idee des Naturrechts sei falsch.

155

Eine Handlung, die Recht ist, darf auch begangen werden, Definition
wenn sie gegen das Interesse eines Andren verstößt. Umgekehrt muss eine Handlung, die Unrecht ist, auch dann unterbleiben, wenn sie dem (potenziell) Handelnden nützlich oder
angenehm wäre. Ein »Recht des Stärkeren« besteht nicht.
Dieser Ausdruck ist eine kritische Beschreibung eines Zu-
standes, in welchem es in Wirklichkeit kein Recht gibt.

156

Es gibt nur zwei Arten der Durchsetzung von Recht; das sind
Zustimmung oder Gewalt.

Zustimmung bedeutet, dass alle Beteiligten über das, was getan Zustimmung 1
werden darf und was unterlassen werden muss, eine einmütige
Meinung haben, ganz gleich, ob Einmütigkeit auf Tradition,
Religion, Egoismus oder Vernunft beruht. Dann allerdings
gibt es gar keinen Konflikt und niemand fragt überhaupt nach
dem Recht. Zustimmung macht die Rechtsfrage irrelevant.

157

Gewalt bedeutet, dass es zu einem Konflikt zwischen den Auf- Gewalt
fassungen kommt, was Recht und Unrecht sei. Da Gewalt kein
Recht sein kann, scheint es so, als könne gar kein sinnvoller
Rechtsbegriff gebildet werden. Denn wer mit Erfolg Gewalt
einsetzt, um das durchzusetzen, was er als Recht ansieht, setzt
sich formal gesehen genauso durch wie derjenige, der Gewalt
erfolgreich benutzt, um seine Willkür Andren aufzuzwingen.

158

1961 Die Lösung des logischen Rechtsproblems liegt in einer Rück- Lösung
bindung der das Recht durchsetzenden Gewalt an die Zustimmung: Mit Gewalt darf nur durchgesetzt werden, dass
Zustimmung die Grundlage der sozialen Beziehungen sei (=
Freiwilligkeit). Gegen das Recht verstößt ein jeder, der Hand-

lungen begeht, die keine Zustimmung der Betroffenen finden. Das ist das libertäre Prinzip.

159

Zustimmung 2 · Das Kriterium der Zustimmung seinerseits kann bloß dann widerspruchsfrei formuliert werden, falls man einen Begriff des Eigentums zugrunde legt. Nur wer der Eigentümer seiner selbst und all dessen ist, was er produziert, kann überhaupt eine Zustimmung geben. Was jemand nicht besitzt, darüber kann er nicht verfügen: Er könnte zum Beispiel nicht in eine Nutzung einwilligen, könnte dann nicht einmal einer Liebesbeziehung zustimmen (oder sie ablehnen).

160

Logik · Das logische Recht muss insofern als Naturrecht gelten, als es kein Recht ist, welches von einer monopolisierten Instanz, also dem Staat, formuliert und durchgesetzt wird. Es stellt jedoch gleichsam ein minimalistisches Naturrecht dar. (Ich ziehe vor, 1982 es in Anschluss an Thomas von Aquin und Immanuel Kant als »Vernunftrecht« zu bezeichnen.)

161

Vernunft · Die Vernunft formuliert objektiv einen Rechtsanspruch, der nicht von dem subjektiven Meinen abhängt. Er genießt jedoch immer Zustimmung, solange jemand sich überhaupt sinnvoll auseinander setzt und nicht bloße Gewalt einsetzt: Ein »Jemand«, der einer anderen Person seinen Willen ohne deren Zustimmung aufzwingt, *muss* zustimmen, seinenteils einem beliebigen stärkeren Willen unterworfen zu werden. Und dies heißt: Wenn genügend viele Menschen erkennen, dass das libertäre Recht Freiheit, Sicherheit und Wohlstand bringt, *dürfen* sie es gegen Ablehnung durchsetzen. Denn solche Ablehnung kann nur von den Menschen ausgehen, die sich nicht an der Zustimmung der Betroffenen orientieren. Sie stimmen unausweichlich zu, mit Gewalt auf den Grundsatz der Zustimmung (Freiwilligkeit) verpflichtet zu werden.

162

1961 Das Anwendungsbeispiel von Bruno Leoni: Jeder Dieb müsse Beispiel 1
– (logisch gesehen) – zustimmen, dass ihm das geraubte Gut
bzw. ein Äquivalent dafür abgenommen wird. Denn entweder
erkennt er das Eigentum an (dann muss er zugeben, ein Unrecht begangen zu haben) oder er leugnet das Recht auf Eigentum: dann kann er nichts einwenden, wenn man ihm irgendetwas wegnimmt.

163

2019 Gibt es jemanden, der bezweifelt, dass die Staatsgewalt ein Beispiel 2
Recht dazu habe, eine Person, die *gegen ihren Willen* von einer
Sekte an einem Austritt gehindert wird (»vom Glauben abzufallen«), zu schützen und gegebenenfalls aus den Fängen der
Sekte zu befreien? Aber halt!, was unterscheidet eine Sekte
vom Staat, wenn er Personen *gegen deren Willen* auf die Mitgliedschaft verpflichtet?

164

Angesichts der Probleme des Rechtsbegriffs, auch des Natur- ohne
1845 rechts, gibt es Philosophen, die vorschlagen, auf den Begriff Recht?
lieber ganz zu verzichten. Das ist allerdings meines Erachtens
eine zu kurz gegriffene Lösung, da die Frage, welches Handeln
richtig sei, damit nicht eliminiert wird; sie ist dem Menschsein
eingeschrieben. Dass wir unser Handeln begründen, es mithin
nicht naturgegeben, unwillkürlich und instinktgesteuert ist,
sondern auf Entscheidung beruht, macht die Grundlage der
Frage aus, *nach welchen Kriterien* wir die Entscheidung treffen
dürfen, können, wollen. Bereits in individueller Betrachtung
kommt es schnell zu einem Konflikt zwischen lang- und kurzfristigen Zielen. Die Konflikte im sozialen Zusammenhang

beinhalten darüber hinaus vor allem den Aspekt, wann jemand auch so handeln dürfe, wie es einem Andren nicht passt oder ihm gar schadet. Die Antwort: *Nie!*, würde dem Andren die absolute Kontrolle über mich einräumen; die Antwort: *Immer!*, würde mir die absolute Kontrolle über den Andern einräumen. Beide Antworten sind unverträglich mit einer verträglichen Sozialstruktur. Insofern ist die Rechts-Frage guterdings nicht hintergehbar für jede Form des gesellschaftlichen Lebens.

165

Die von mir* vorgeschlagene Lösung der Rechts-Problematik
minimalinvasiv ist eine »minimalinvasive«, wie ich es nenne: Der Bereich des 2012
unbedingt und überall gültigen Rechts sei auf ein Minimum zu begrenzen (nämlich den Grundsatz der **FREIWILLIGKEIT**), demgegenüber alle weiteren Regeln des Zusammenlebens dann auf freiwilligen Abmachungen und Verträgen beruhen.

* Bruno Leoni · Thomas von Aquin · Immanuel Kant · Murray Rothbard · Paul Goodman · Friedrich Nietzsche · Christian Sigrist · Hermann Amborn · Pierre Clastres · Robert Ellickson Albert Jay Nock · Jacques Derrida · *Anne R. Chérie* · Jesus von Nazareth und seine Mutter Maria · Herwig Blankertz · Peter Abælard Habe ich hier noch Einen vergessen außer Wilhelm Reich? Den »unbekannten Bonobo«. Stellvertretend vielleicht Frans de Waal, den *guten Affen*. Es gibt da ja Dinge zwischen Himmel und Erde, die im *Zauberberg* verhandelt werden, allerdings ohne je zu einem Ende gefunden zu haben. Jefferson sei Dank. Bakunin, Landauer, Buber und Levinas, sie stehen auf einem andren Blatt. Das *Königtum Gottes* kommt vielleicht ohne Gewalt nicht aus, auch wenn Ernst Jünger den Regenten jede gewaltsame Verwirklichung der Gerechtigkeit *via* eines militärischen Eingriffs ablehnen lässt; in einer Marginalie von *Heliopolis* jedoch, sodass es der Aufmerksamkeit der Kritik komplett entgangen ist. Zufall? Achtsamkeit gilt nur dem, was ihr sowieso schon glaubt: dass Gewalt alles regiert, alles gut regiert und dass es niemals eine Alternative geben wird. Der Tod von Wilhelm Reich fordert uns auf, uns mit dieser Perspektive nicht zufrieden zu geben. Frieden sei Frieden. Nicht der ewige Krieg für den ewigen Frieden, der heute herrscht. Wir wollen den Stress nicht reduzieren, sondern steigern, denn die Scheiße, die herrscht, darf nicht endlos weiter gehen, und die A. Hitlers oder … sie dürfen nicht die Sieger*innen bleiben …

DIALEKTISCHES
ANTIKLERIKALISMUS

166

Kritik hat die Religion verdient. Großreligionen, und nicht Religion
bloß das Christentum, tendierten historisch und tendieren
immer noch dazu, unterm Deckmantel des göttlichen Liebes-
versprechens mit der Staatsgewalt zu paktieren, Krieg und
grausame Strafen zu rechtfertigen, die Verfolgung und gar die
Eliminierung von Anders- und Ungläubigen zu verlangen.

167

DENNOCH. Wilhelm Reich schießt gehörig über das Ziel hinaus, wenn er durchblicken lässt, dass es der Unterdrückung
der Kirche, ja der persönlichen religiösen Gefühle bedürfe, um Kirche
zur menschlichen Gesellschaft zu finden. Der revolutionäre
Antiklerikalismus, angefangen von der französischen, über
die mexikanische bis hin zur russischen Revolution, hat gezeigt, dass das religiöse Gefühl auf diese Weise nicht zu tilgen,
nichteinmal zu mildern ist; ganz im Gegenteil erwächst der
Kirche aus solch einer Verfolgung ungeahnte Kraft gegen die
Tendenzen säkularisierender kapitalistischer Entwicklungen.
Und die Erfahrung mit diesen Revolutionen hat eindeutig
gezeigt, dass der Staat zur Ausübung der unmenschlichsten
Brutalität und eines unfassbaren Sadismus keine klassisch-
spirituelle Religion benötigt. Denn Atheismus vermag ebenso Atheismus
terroristisch zu werden.

168

1946 In der Version von 1946 dokumentiert sich auch in dieser Be-
ziehung ein Umdenken. Wilhelm Reich erkennt, dass eine Umdenken
Gesellschaft nicht »planbar« sei (*siehe* die Konstruktivismus-
Kritik); dies gilt uneingeschränkt auch für die Umgestaltung

einer Gesellschaft. Mit Verboten ist es nicht erledigt, ja, sie wirken kontraproduktiv. Ganz ausdrücklich findet sich nun auch die Freiheit des Glaubens in seiner Liste der Dinge, die es anzustreben gelte: »Frieden, Arbeit, Lebenssicherheit, inter- *1946* nationale Kooperation, freie, sachliche Meinungsäußerung, Freiheit des Glaubens etc. etc.« (nur 1946: S. 346).

Dialektik Trotz allem aber fehlte Wilhelm Reich die Einsicht in die Dialektik der Religion. Sie ist nicht nur Stütze der Staatsgewalt, sie ist auch Refugium für Widerstand. Der Trost, den sie spendet, lenkt nicht nur ab vom Kampf gegen Ungerechtigkeit, sondern sie befeuert ihn auch. Die Moral, die sie predigt, *1942* ist nicht nur im Sinne der Herrschenden, sondern sie wird auch zum Maßstab für deren Handeln, das nun angeklagt werden kann, wenn sie heucheln oder gegen offensichtliche Grundsätze der Gerechtigkeit verstoßen. Die Kirchen und ihre Vertreter stehen nicht nur auf der Seite der Verfolger und Täter, sondern sie schlagen sich auch auf die Seite der Opfer und der Verfolgten. Sie rechtfertigen nicht nur die Obrigkeit, sondern sie verleihen auch den Geschundenen und den mundtot Gemachten ihre Stimme. Peter Abælard, geschundener, im
! *Dialog zwischen einem Philosophen* (Moslem), *einem Juden und* *1142* *einem Christen.* Man könnte es lesen. Man könnte es verstehen. Lassen wir das. *El Arab* ist hieran bereits verzweifelt: »Credo«. *1258*

169

Und warum es erneut versuchen? Vielleicht, weil es das Leben, weil es die Menschen wert sind, nicht weil sie wertvoll in sich selber sind, sondern weil Gott sie liebt? Obwohl sie ihn derart aufregen, dass er allfällig zu einem Monster mutiert, das dem von Stalin oder Hitler nicht nachsteht: »Königtum Gottes«, *1932* oder »Widerstand gegen das Königtum«, »von der Anarchie *1978* zum Staat« … ? Anarchie sei der *Hort des Rechts.* Und da gibt *1992* es ein Schild, Stalin, Hitler, Mao und viele Weitere lesen's mit *… 2019* Horror: »Wir müssen draußen bleiben« …

DIALEKTISCHES
AUTORITÄTSBEGRIFF

170

Beim Autoritätsbegriff gilt es (wie beim Kapitalismusbegriff), zunächst von der Bedeutung auszugehen, die Wilhelm Reich zugrunde gelegt hat. Auch hier bestehen wenig Unklarheiten darüber, was er meint. Für ihn ist »Autorität« gleichbedeutend mit dem Vollzug von Herrschaftsgewalt. Dennoch: Er belegt mit dem Begriff sowohl die Verhältnisse innerhalb (bürgerlicher Klein-) Familien als auch die Ausübung von zentralstaatlicher Zwangsausübung und Kriegshandlungen. Damit bestehen für ihn vom familiären Dominanzverhalten bis hin zu faschistischer Staatsgewalt nur graduelle und quantitative, keine prinzipiellen und qualitativen Unterschiede. In der Ohrfeige, die die Mutter dem Sohn oder der Vater der Tochter verabreicht, ist, so könnte man überspitzt ausdrücken, bereits das Peitschenknallen des Sklaventreibers, des KZ-Aufsehers oder des strafenden Arms in Saudi Arabien *in nuce* zu hören.

Autorität und Herrschaft

171

Eine Differenzierung würde Sinn machen. Es geht mir dabei nicht darum, dogmatisch einen Begriff zu belegen und zu definieren, um jede andere mögliche Definition auszuschließen. Es geht mir darum, klar zu unterscheiden zwischen irgendeiner Form sozialer Asymmetrie in wirtschaftlicher oder gesellschaftlicher Hinsicht und Verfügung über einen *Erzwingungsstab*, wie Christian Sigrist es nannte, um seine Befehle durchzusetzen. Der Erzwingungsstab sei das minimale Definitionskriterium für Herrschaft und für die Grundlage des Staats. *Autorität* als an- oder zuerkannte Kompetenz zu negieren, bedeutet, an deren Stelle als gesellschaftliche Instanz die *Herrschaft* zu inthronisieren.

1967

Definition

Freud vermochte »die Kriegsbegeisterung zu erklären:[64] Der

Krieg bedeutete eine kollektive Aufhebung der Verdrängungen,

insbesondere der grausamen Antriebe, mit Erlaubnis einer idealisierten Vaterimago, des Kaisers. Man durfte endlich ohne Schuldgefühl morden. Man konnte nun während des Krieges die Beobachtung machen, daß diejenigen, welche starke heterosexuelle Bindungen oder vollwertige [sic] Sublimierungen aufwiesen, den Krieg ablehnten; dagegen waren diejenigen die brutalsten Draufgänger, die das Weib als Klosett betrachteten und latent oder manifest homosexuell waren. Auch der sadistische Psychopath und der dissoziale Charakter bewährten sich gut im Sinne der Kriegsideologie. Jeder, der den Krieg mitgemacht hat, weiß, welche Rolle die beiden Attribute verbildeter Genitalität, die anale Zote und das anale Schimpfwort,

im Kasino, in der Kaverne, auf dem Exerzierplatz und in der Offiziersmesse spielten. Gespräche über Huren und Koitus bildeten fast ausschließlich das Thema der Unterhaltungen. Wer die militärischen Kraftausdrücke für die genitalen Funktionen kennt, wird uns gewiß nicht die Berechtigung absprechen, eine kollektive Regression zum Analen und Sadistischen anzunehmen; sie griff im Kriege weiter um sich, aber der Kasernenton der Vorkriegszeit bezeugte eindeutig die Krankhaftigkeit der genitalen Konstellation der Massen und ihrer Führer.«

Wilhelm Reich, *Die Funktion des Orgasmus*, Wien 1927, S. 168.

---

64 Gemeint ist: Sigmund Freud, *Zeitgemäßes über Krieg und Tod* (1915), zuerst in: *Imago*, Bd. 4 (1); jetzt z. B. in: *Studienausgabe*, Bd. IX, S. 35 ff.

DIALEKTISCHES
HOMOSEXUALITÄT UND DER NATURBEGRIFF

172

Wilhelm Reichs Schriften durchziehen sporadisch abfällige
Bemerkungen über Homosexualität (noch in der Version von
1946 1946 der »*Massenpsychologie*« finden sich sieben Stellen dieser
Art: S. 99f, 135, 151, 154f, 158, 179, 181). Es wird klar, das
Reich Homosexualität als widernatürlich zu den Perversionen Wider
rechnet. Nun wäre es durchaus kontraproduktiv, modischen die Natur?
Gehaben zufolge Reichs *Beobachtung*, dass Homosexualität
zu Militarismus und Faschismus geneigt macht, als falsch,
unzutreffend und nicht diskussionswürdig abzutun. Denn die
Beobachtung mag ja durchaus zutreffen oder zumindest zu-
getroffen haben. Vielmehr ist Reich anzukreiden, dass er die
Perversion der homosexuellen Neigung schlechthin zuschrieb
und nicht ihrer gesellschaftlichen Unterdrückung, wie er das
bei anderen, heterosexuellen Perversionen, so etwa Sadismus
und Masochismus, selbstverständlich tat.

173

Die Ursache jedoch liegt noch tiefer, und das ist eine gewisse
unkritische Idealisierung des »Natürlichen« überhaupt. Die Natürlichkeit
Ablehnung des »Unnatürlichen« geht auf das Christentum[65]
zurück, das Wilhelm Reich sonst so rigoros zu kritisieren
wusste; in diesem Fall aber verblieb er in dessen Fängen.

174

Seit einem Jahrzehnt ist das Christentum nun Staatsreligion: Staatsreligion
380 380 widerrief Kaiser Theodosius I. das Toleranzedikt von
313 Konstantin dem Großen von 313 (mit dem das Christentum

---

65 Dass Homosexualität mit dem Tod bestraft werden müsse, beziehen sowohl
Christentum als auch Islam aus der *Tora*. Wajjikra (Levitikus), 20:13.

legalisiert wurde), um das Christentum zur alleinigen Religion im Römischen Reich zu erklären. 390 wird im griechischen 390

Thessalonike Thessalonike ein sehr populärer homosexueller Wagenlenker durch den gotischen Heermeister des Kaisers verhaftet, denn unter dem Einfluss des Christentums hatte man die in der griechischen und römischen Antike normale Homosexualität zu einer Straftat erhoben, auf die der Tod stand. Eine aufgebrachte Menge stürmte das Gefängnis, befreite den Wagenlenker und tötete den Heermeister. Daraufhin ließ Kaiser Theodosius unter Bürgern von Thessalonike ein Massaker als

Am- Vergeltungsaktion durchführen. Der Mailänder Bischof Am-
brosius brosius, erster römischer Staatsbeamter auf einem Bischofssitz und oberste moralische Instanz im Römischen Reich, verurteilte die Aktion des Kaisers als überzogen und erlegte ihm eine Buße auf, die er ableisten musste, bevor er wieder zur Teilnahme an der Messe zugelassen wurde. Allerdings bekräftigte Ambrosius, die ursprüngliche Maßnahme (die Verhaftung des Homosexuellen und das Todesurteil gegen ihn) sei rechtens.

175

Die Strafbarkeit von sexuellen Abweichungen und anderen opferlosen Delikten, allen voran Abweichungen im Glauben, die das Christentum als Staatsreligion forderte, transformierte das traditionelle römische Recht. Das römische Recht war

Staatsrecht zwar einerseits staatlich, indem es staatlich kodifiziert war und
versus über staatlich bestellte Richter verfügte, auf der anderen Seite
Privatrecht hatten sich deutliche Züge des Privatrechts erhalten, denn es basierte darauf, dass es einen Kläger gibt, der eine persönliche Schädigung zu beklagen hatte, die durch das Verfahren ausgeglichen werden solle. Wiedergutmachung des Geschädigten durch den Schädiger war das Prinzip. Es ließ auf »christlich« definierte Straftaten sich nicht anwenden. Damit führt das Christentum zwingend zum Ausbau des Staatsrechts (und wird zum Paradigma des Islam, der ihm folgt).

176

476 Nach dem Niedergang des (West-) Römischen Reichs kehrte Europa weitgehend zum Privatrecht zurück. Die Kirche verurteilte zwar Homosexualität immer noch als Sünde, da sie wider die Natur sei, aber sie zog keine weltliche Strafen nach sich. Auch gemessen an den sogenannten Zeitstrafen (d. s. die Strafen, die während der Beichte als die nach dem Tod vor der Erlösung zusätzlich im Fegefeuer zu verbringenden Jahre ausgesprochen wurden) galt Homosexualität laut Bußbüchern der ersten Hälfte des Mittelalters für geringfügig. Erst mit dem Erstarken des Zentralismus und der Staatsgewalt gegen   Staatsgewalt
1277 Ende des 13. Jahrhunderts kam es erneut zu einer weltlichen Bestrafung der Homosexualität.

177

Die Behauptung, Homosexualität müsse bestraft werden (wie
heute sie heute noch vom islamistischen Fundamentalismus brutal erhoben wird), weil sie gegen die natürliche Ordnung Gottes   natürliche
verstoße, hat von Anfang an einen zweischneidigen Charakter.   Ordnung Gottes
Denn mittelalterlichen Theologen und Philosophen war klar, dass im Tierreich homosexuelle Kontakte vorkommen, wenn auch als Ausnahmen (ein Teil dieser damals so angesehenen Ausnahmen basierte auf Fehldeutungen; inzwischen wissen wir allerdings, dass homosexuelle Kontakte vom Käfer bis zum Primaten im Tierreich geläufig sind). Nun verstieg sich jedoch keiner zu der Forderung, die homosexuellen Tiere zu bestrafen. Beim Menschen folgte die angebliche Strafbarkeit aus der Forderung, dass der Mensch seine natürlichen Triebe unter die Kontrolle der Vernunft bringen solle. Das aber hieß, dass der Mensch eben *nicht* selbstredend als Teil des Naturzusammenhanges gesehen werden dürfe und *sein* Handeln nicht unter diesem Gesichtspunkt zu beurteilen sei. Damit wird zugleich der Ausgangspunkt der Argumentationskette aufgehoben. Nicht bloß das. Das Christentum hatte mit der

Forderung nach Enthaltsamkeit[66] von Klerikern, Mönchen und Nonnen eine sexuelle Abweichung zur höchsten Tugend gekürt: Sexuelle Enthaltsamkeit ist nicht weniger eine Norm-abweichung von der Natur als Homosexualität. Thomas von Aquin gesteht in seiner Verteidigung der Jungfräulichkeit als Tugend zu, dass sie bloß von einer Minderheit praktiziert werden dürfe, wenn nicht der Fortbestand der Menschheit gefährdet werden solle. Gott sorge für diese Ausgewogenheit, indem er die Gnade, gegen die Stimme der Natur jungfräulich bleiben zu *können*, nur Wenigen verleihe. Es nicht zuzulassen, diese Argumentation auch auf Homosexualität anzuwenden, kommt einem logischen Sakrileg gleich.

Thomas von Aquin

1273

178

In der Neuzeit und mit zunehmendem Wissen über die Natur und besonders über die Vererbung gab es eine Linie der Verteidigung von Homosexuellen gegenüber kirchlicher und weltliche Verfolgung, die darauf pochte, Homosexualität sei eine natürliche Veranlagung eines Menschen, für die er keine moralische Verantwortung trage.

Veranlagung?

1870

179

DEMGEGENÜBER vertrat der Liberalismus stets die Privatheit auch und gerade intimer Beziehungen: Keiner öffentlichen Macht stehe das Recht zu, über Sexualpartner und Sexualpraktiken zu richten, solange alle Beteiligten zustimmen. Die Frage, ob diese Praktiken »natürlich« seien oder nicht, wäre irrelevant gegenüber der Frage der Freiwilligkeit. Teil dieser Freiwilligkeit ist es auf der anderen Seite, dass jeder berechtigt sei, Homosexualität abzulehnen oder sogar den Umgang mit Homosexuellen zu meiden, sofern er keine unmittelbare oder strukturelle Gewalt anwendet.

Privatheit

66 Enthaltsamkeit war eine genuin christliche Erfindung ohne Fundierung in der *Tora*; ein antikes Ideal, aber keine antike Praxis.

180

heute Die heutige als »links« geltende Ansicht, das menschliche Verhalten im Allgemeinen und bezogen auf die Sexualität im Besonderen, sei ausschließliches Ergebnis sozialer Prägung, gibt Prägung sich zwar befreiend; dies kann jedoch schnell ins Gegenteil umschlagen. Betont atheistische Gewaltherrscher im 20. Jahrhundert waren geneigt, die Homosexualität unter Verfolgung 1934 zu stellen, so insbesondere Stalin, Mao und Castro. Im neu- Stalin etc. germanisch-heidnischen Nationalsozialismus war die Homo- Röhm etc. erotik zwar allgegenwärtig, ihr öffentlicher Ausdruck aber unmöglich. Wenn Sexualität, sexuelle Orientierung und Identität als durch Gesellschaft *allein* definiert angesehen werden, kann daraus mit Leichtigkeit auch das Recht der Gesellschaft abgeleitet werden, in diese Orientierung und Identität einzugreifen. Im Augenblick wird dieses Recht, Sexualität sozial zu beeinflussen, teils über das Bildungswesen hinsichtlich der Förderung homosexueller Orientierungen ausgelebt (und ist dann ebenso abzulehnen wie ein Verbot der Homosexualität); dies kann bei gewandelten politischen Mehrheiten allerdings schnell sich ändern.

181

DEMGEGENÜBER mag man unter dem Gesichtspunkt der Frei- Freiheit heit die Frage, ob Homosexualität natürlich bzw. vererbt oder sozialpsychologisch hervorgerufen sei, getrost der Wissenschaft oder sogar dem persönlichen Geschmack überlassen. Die Antwort ist bedeutungslos für die Forderung danach, von Bevormundung frei zu bleiben. Und, was das Thema Homosexualität betrifft, muss diese Forderung auch gegen Wilhelm Reich geltend gemacht werden.

182

1869 Ursprünglich eigneten dem Feminismus zwei Stoßrichtungen, Feminismus zum *einen* ging es darum, die Frauen von der Dominanz der

Männer zu befreien (»Kampf gegen das Patriarchat«) und zum *anderen* darum, die »gleichen Rechte« wie die Männer zu erhalten. Obgleich beide Stoßrichtungen Protagonistinnen ebenso wie Gegnern des Feminismus als ähnlich galten, haben sie doch zwei grundverschiedene Bedeutungen.

183

Die materiellen Grundlagen für die Aufhebung der männ-
Kapitalismus lichen Dominanz über Frauen hatte der Kapitalismus gelegt: Er bot den Frauen die Möglichkeit, über Erwerbsarbeit wirtschaftlich auf eignen Beinen zu stehen. Jedoch galt es, überkommene institutionelle Behinderungen zu brechen. Es durfte bis 1962 eine Frau ohne die Zustimmung ihres Mannes in der 1962 Bundesrepublik Deutschland kein eigenes Konto eröffnen. Bis 1977 benötigte sie zum Eingehen eines Arbeitsverhältnisses 1977 die Zustimmung ihres Mannes, bis 1959 konnte er es ohne ihre (und ihres Arbeitgebers) Zustimmung fristlos kündigen. Und bis 1969 war eine verheiratete Frau nichtmals geschäftsfähig. 1969 Ab 1880 gab es im Deutschen Reich ein sog. »Lehrerinnen- 1880 zölibat«, demzufolge eine Lehrerin, wenn sie heiratet, zu entlassen sei und damit jeden Anspruch auf Ruhegehalt einbüßt. 1919 wurde es in der Weimarer Republik aufgehoben, bestand 1919 dann jedoch unterschiedlich lang in den einzelnen Ländern der Bundesrepublik Deutschland fort. Dies sind nur einige Beispiele, die zeigen, dass eine institutionelle Degradierung von Frauen tatsächlich bestanden hat, nicht etwa im muslimischen Saudi Arabien, sondern im westlich-abendländischen Westdeutschland. Das Argument für die Degradierung war, wie billig, stets, es entspreche der »Natur« der Frau, in der untergeordneten Position zu verharren. Diese Degradierung aufzuheben, war eine Maßnahme der individuellen Befreiung von kollektivistischem Zwang. Sie hob feudalähnliche Privilegien der (Ehe-) Männer auf und eröffnete den Frauen die Chance auf ein selbstbestimmtes Leben. Die Wirkungen dieser Maß-

nahmen waren zutiefst antiherrschaftlich und sie bewiesen, dass es in Wahrheit nicht die »natürliche« Position der Frauen war, in die Unterwürfigkeit verwiesen zu sein.

184

Die *andre* Stoßrichtung des Feminismus, die ich genannt habe, hatte eine durchaus problematischere Wirkung. Bei »gleichen Rechten«, ganz speziell bei der Erlangung des Wahlrechts (be-
1971 sonders spät in der Schweiz: 1971), ging es nur vordergründig um eine ähnliche Aufhebung von männlichen Privilegien. Vor allem bewirkten diese Maßnahmen die Integration der Frauen in das herrschende System und die Bindung an dieses System, indem ihnen eine Teilhabe an der Macht angeboten wurde. Machtteilhabe Anders als die zuerst behandelte Aufhebung institutioneller Barrieren für die Selbstbestimmung der Frauen kann eine Teilhabe von Frauen an der Macht bloß illusorisch für alle gelten; in Wirklichkeit bedeuten solche Formen der »gleichen Rechte«, dass (wie bei den Männern) Einige die Übrigen be- ... more equal ... herrschen. Am besten sichtbar ist diese Wirkung dann, wenn eine Frau es an die Spitze eines Staats schafft. Diese Art der »Gleichberechtigung« ist zutiefst repressiv.

185

Darum ging diese Art der Gleichberechtigung im nächsten
1961 Schritt dazu über, eine so genannte *positive Diskriminierung* zu affirmative verlangen, d.h., um die nach der Aufhebung *institutioneller* action Diskriminierungen weiter fortbestehende *gesellschaftliche* Diskriminierung zu bekämpfen, sollten Frauen *bevorzugt* werden. Das Instrument hierzu ist die »Quote«. Der Staat schreibt Quote vor, dass in bestimmten Bereichen der Frauenanteil (etwa an Bediensteten, an Funktionsträgern, an den Mitgliedern in Aufsichtsräten oder Parlamenten, beim Lehrkörper an den Universitäten) erhöht werden oder gar 50% betragen müsse. Der Staat verbietet, dass Unternehmer_innen nach Mitarbeitern

eines Geschlechts suchen dürfen (sogar wenn dies sinnvoll wäre) oder dass zwischen dem Lohn eines männlichen und einer weiblichen Angestellten ein Unterschied besteht. Dies alles greift in die freiwillige Interaktion ein und reduziert die Fähigkeit zu einem selbstbestimmten Leben und Handeln. Dies schädigt Frauen ebenso wie Männer; Frauen jedoch ganz besonders, da ihr Fortkommen nun nicht mehr ihrer eigenen Leistung zugeschrieben werden kann, vielmehr einem un-geliebten gesetzlichen Zwang: Derart wird gesellschaftliche Diskriminierung nicht etwa überwunden, sondern sie wird konserviert.

186

In der nächsten Welle des Feminismus (in der wir uns heute befinden) allerdings verschlang er sich selber. Die Kritik dar-an, dass die Konstruktion der »Frau« als natürlich unter-geordnetes Wesen falsch und ideologisch sei, wurde so aus-gebaut, dass überhaupt das *Geschlecht* seinerseits aus nichts als einem sozialen Konstrukt bestehe und keinerlei natürliche Gründung habe. Dies war ein Schlag ins Gesicht derjenigen feministischen Theorien, die behauptet hatten, dem Weib-lichen wohnten besondere Tugenden wie Kooperation und Friedfertigkeit inne (Theorien, wohlgemerkt, die vermutlich sachlich falsch sind). Darüber hinaus verliert der Feminismus, wenn das Geschlecht ein rein soziales Konstrukt ist, aber sein Subjekt, wie Judith Butler selber etwas ratlos anmerkt in dem überaus inspirierenden Buch, mit welchem sie 1991 den aktuellen Genderismus begründete. Sie behauptet, dass die Zuordnung des Geschlechts ein so genannter »performativer Akt« sei, das heißt, der Sprechakt selber bringt hervor, was er bezeichnen soll. Es gäbe keine objektive Grundlage für ihn. Allerdings fragt sich, ob denn die Hebamme, die sagt, »dies ist ein Mädchen« oder »jenes ein Junge«, tatsächlich *auswürfelt*, welchem Neugeborenen sie welches Geschlecht zuordnet. Es

Margin notes: heute · Konstrukt? · Butler · 1991 · perfomativer Akt

[116]

hätte Judith Butler gut getan, einmal mit einer Hebamme zu sprechen.[67] Ein Feminismus, der weibliches Dasein als Mutter vergisst oder sogar negiert, wäre keiner. Zum Kontrast könnte er (**SIC!**) sich durch Wilhelm Reich inspirieren lassen.

Inspiration

187

ABER der Genderismus ist auch ein Schlag ins Gesicht der Lesben- und Schwulenszene (sie realisiert es leider aber noch nicht): Wenn das Geschlecht ein Konstrukt ist und natürlicherweise keine Rolle spielen dürfte, so ist auch die sexuelle Orientierung auf ein bestimmtes Geschlecht nichts als der Ausdruck krankhaften Festklammerns an ein soziales Konstrukt, das nur einer Wahnvorstellung gleicht. Tatsächlich jedoch ist es *natürlich* im Sinne der Beobachtung aller sozialen Verhältnissen und ebenso im Sinne der Logik, dass jede Form der Liebesbeziehung oder auch bloß der Sympathie und Freundschaft eine Diskriminierung darstellt: Jeder, der einen anderen Menschen sympathisch findet (oder gar zum Sexualpartner wählt), diskriminiert die übrigen Menschen und zwar nach bestimmten, sehr persönlichen Gesichtspunkten (unter die unter anderem auch das Geschlecht zählen kann, aber nicht muss). Wer diese Form der Diskriminierung aufheben will, muss gnadenlos Gewalt einsetzen, denn sie ist natürlich, universell, notwendig und unausweichlich.

Genderismus

Gewalt

67 Jedenfalls finde ich in *Gender Trouble* (1990) weder einen Ausdruck noch ein Anzeichen, dass Judith Butler sich mit der Frage beschäftigt hat, nach welchem Kriterium die Hebamme denn die »willkürliche« Zuordnung des Geschlechts vornehme.

Lichtdom aus Flak-Scheinwerfern, »Reichsparteitag der Ehre«. Design: Albert Speer, »nicht nur meine schönste, sondern auch die einzige Raumschöpfung, die, auf ihre Weise, die Zeit überdauert hat«. Feminin? Maskulin? Scheißegal!

DIALEKTISCHES
PROBLEMATIK DES BEGRIFFS
»EMOTIONELLE PEST«

188

Die zunehmende Verfolgung und vor allem Isolierung einerseits und andererseits das tiefe Bewusstsein, den Schlüssel zum Glück der Menschheit in Händen zu halten, verführte Wilhelm Reich zur Prägung des Begriffs der »emotionellen Pest« (nur 1946: S. 202, S. 238). In Analogie zur Schreckenskrankheit der Menschheit, die aber schon zu Reichs Zeiten Geschichte war, wollte er damit beschreiben, dass sich in der autoritären, lustfeindlichen Gesellschaft als Reaktion auf die Unterdrückung Hass gegen die möglichen Befreier anstatt gegen die Ursache der Krise breit macht – und zwar am Bewusstsein vorbei.

1946

Hass ...

189

Mit diesem Begriff allerdings verstärkt er die Isolierung. Denn er macht eine Analyse überflüssig und eine Diskussion unmöglich: Alle, die Einwände formulieren, sind per se krankhaft, erfasst von der psychischen Pest.

isoliert

und ...

190

Welche innere Vergiftung der Begriff im Kreis von Wilhelm Reich hervorgerufen hatte, wird deutlich an dem Drohbrief, den William S. Moïse am 21. März 1957, als Reich im Gefängnis saß, an Senatorin Margaret C. Smith schrieb,[68] mit dem er in verzweifelter Sinnlosigkeit versuchte, Reich freizupressen:

1957

vergiftet

68 Margaret Chase Smith (1898-1995), von 1948 bis 1973 Senatorin für den Bundesstaat Maine. Sie lehnte die Kommunistenverfolgung Senator Joseph McCarthys ab, wie sie ein Republikaner. Ein Zusammentreffen mit William Moïse 1956 ließ sich nicht verifizieren. Die FBI-Akten (4c:23ff) erwähnen am 23. 2. 1954, dass sie Reich gegenüber *feindlich* eingestellt sei.

Der Brief im Original-Wortlaut

You will remember me from our interview of the summer of 1956* in connection with the conspiracy to kill the Discovery of Life (Orgone) Energy. [...]
As a former assistant of Dr. Wilhelm Reich, from 1952 to [1956,]* in the capacity of Oranur Weather Control operator, I learned much concerning the use of atmospheric Orgone Energy as related to the influencing of weather. As you know, while that infamous Drug and Cosmetic agency was busy with their [fraudulent]* conniving, Dr. Reich used this new knowledge for the breaking of [droughts with]* removal of DOR (Smog), the greening of deserts and for the combat and weakening of Hurricanes.
What you do not know is that Dr. Reich has time and time again restrained us, at that time his assistants, from our desire to use his discovery in a war-like manner.
Dr. Reich is now in a Federal Penitentiary for basically no crime [other]* than making a discovery. Furthermore, I learn that Dr. Reich has been [rent]* to Lewisburg, Pennsylvania, for a psychiatric examination and it is a matter of [proven]* record that the American Psychiatric Association worked hand in hand, in direct collusion with the FDA in perpetrating this criminal fraud upon the Court.
In the light of the above and in view of the fact that all [peaceful]* rational attempts to get the truth out and to get justice done appear to have failed, I find myself facing the decision of whether or not to use Orgone Energy, which the U.S. Government has declared does not exist, to [storm]* and flood portions of the U.S.A. in an attempt to stop this [infamy and force a responsible]* investigation in the [open]* of the facts.
I realize that this decision is a tremendous one in [view]* of the [deadly]* harm which may be done, but to do otherwise in this present DOR emergency would result in infinitely more harm and more damage. I also realize that the responsibility for a decision of such magnitude rests with the few genuinely responsible government persons such as yourself and the President.
Sincerely I hope that I do not have to take this step. I sadly [fear]* however that you will view this as fantastically crack-pot, I [hope not.]* If you take me seriously and wish to see me, would your office call me [...].

Wilhelm Reichs FBI-Akten, Sektion 6, im Scan S. 9. * Einige Worte sind kaum dechiffrierbar; dennoch besteht am Inhalt des Briefes kein Zweifel. Soweit ich es sehe, gab es noch keinen publizierten Versuch eines Muttersprachlers, den Text vollständig zu entziffern.

1956 »Sie werden sich meiner erinnern aus unserem Gespräch [?] im Sommer 1956 bezüglich der Verschwörung, um die Entdeckung der Lebensenergie (Orgon) zu unterdrücken. [...]
Als früherer Assistent von Dr. Wilhelm Reich zwischen 1952 bis 1956, verantwortlich für die Durchführung der ›Kontrolle des Wetters per Oranur‹,[69] habe ich viel gelernt bezüglich der atmosphärischen Orgonenergie und ihrer Beziehung zum Wetter. Dr. Reich nutzte, wie Sie wissen, sein neues Wissen, um die Dürren zu besiegen, indem DOR[70] (Smog) beseitigt wird, die Wüsten zu begrünen und die Wirbelstürme zu bekämpfen und abzuschwächen, während die infame ›Drug and Cosmetic agency‹[71] beschäftigt war, falsche Anschuldigungen vorzubringen.

Was Sie nicht wissen ist, dass Dr. Reich uns, zu jener Zeit seine Assistenten, immer wieder hinderte, unserem Wunsch nachzugeben, seine Entdeckung im Sinne der Kriegsführung einzusetzen. _Krieg führen mit Orgon?_

Dr. Reich sitzt nun in einem Bundesgefängnis für im Grunde genommen kein anderes Verbrechen als eine Entdeckung gemacht zu haben. Darüber hinaus erfahre ich, dass Dr. Reich nach Lewisburg, Pennsylvania, überstellt worden ist, um dort einer psychiatrischen Untersuchung unterzogen zu werden, und es ist bewiesen, dass die Amerikanische Psychiatrische Vereinigung mit der FDA direkt Hand in Hand arbeitet, um diesen kriminellen Betrug am Gericht zu begehen

69 Oranur. »Orgone Anti Nuclear Radiation«. Die radioaktive Strahlung wurde entgegen Reichs Erwartung in den Experimenten von Orgon nicht neutralisiert, es verstärkte sie vielmehr und überführte sie – seiner Meinung nach – in »Deadly Orgone« (DOR); _entgegen seiner Erwartung,_ nehmt das, Konstruktivisten ...
70 DOR. Deadly Orgone. Nach Wilhelm Reich die erstarrte Form des Orgons, die Wüsten und Smog entstehen lässt.
71 Eine frühere Bezeichnung der »Food and Drug Administration« (FDA), da sie aus dem »Food, Drug, and Cosmetic Act« hervorging, das F. D. Roosevelt 1938 unterzeichnete. Vorläufergesetz war das »Pure Food and Drug Act« von Theodore Roosevelt 1906. Offiziell gibt die FDA als Gründungsjahr 1927 an. Sie beschäftigte 2010 knapp 15 000 Mitarbeiter und verfügte 2018 über ein Budget von mehr wie fünf Milliarden US-$. Theodore = _Rep_ & F. D. = _Dem_ ...

Im Lichte des Obigen und mit Hinblick auf die Tatsache, dass alle friedlichen Anstrengungen, die Wahrheit auf rationale Weise herauszubringen und für Gerechtigkeit zu sorgen, scheiterten, sehe ich mich der Entscheidung gegenüber, die Orgonenergie, von der Regierung der USA für inexistent erklärt, einzusetzen, um Teile der USA mit Stürmen zu verwüsten und zu überfluten, um diese Infamie zu beenden und eine offene Untersuchung der Fakten zu erzwingen.

Mir ist bewusst, dass diese Entscheidung eine schwere Bürde ist mit Hinblick darauf, dass möglicherweise viel tödlicher Schaden entstehen wird, aber angesichts der gegenwärtigen DOR-Gefahr wären die Folgen dessen, anders zu handeln, unendlich viel schlimmer. Ebenfalls ist mir bewusst, dass die Verantwortung für die Entscheidung solcher Größenordnung auf den wenigen der verantwortungsbewussten Menschen in der Regierung wie Ihnen und dem Präsidenten[72] lastet.

Von Herzen hoffe ich, diesen Schritt nicht tun zu müssen, fürchte aber, dass Sie die Sache als Verrücktheit abtun werden, obwohl ich das nicht hoffe. Wenn Sie mich ernst nehmen und mich sehen wollen, lassen Sie Ihr Büro mich anrufen [...].«

verzweifelt Dieses Dokument ebenso der Verzweiflung wie der aus ihr erwachsenden Brutalität macht schlechterdings fassungslos. 1957

191

Moïse Der impressionistische Künstler William Moïse (1922-1980)
Eva war von 1952 bis 1973 mit Eva Reich (1924-2008) verheiratet, Vorkämpferin der sanften Geburt und Wilhelm Reichs erstes Kind. Evas Mutter, Annie Reich, geb. Pink (1902-1971), war Psychoanalytikerin (Trennung von Wilhelm Reich 1933).

72 Präsident war zu diesem Zeitpunkt Dwight (Ike) Eisenhower, führender Konstrukteur des Kalten Kriegs. Alles andere als ein Hoffnungsträger. Und die Paranoia verhinderte nicht, dass Reich seine unverbrüchlich zu ihm stehende Tochter Eva zwar als Verräterin verdächtigte, jene Senatorin, die tatsächlich gegen ihn agierte, allerdings ebenso wie Eisenhower als eine weitere Hoffnungsträgerin verkannte.

WILHELM REICH IN DEN FBI-AKTEN

192

1939 Seit Wilhelm Reich im August 1939 aus dem skandinavischen Exil in die USA übersiedelte, stand er unter der Aufsicht des Exil US-Geheimdienstes FBI (Federal Bureau of Investigation). Zunächst konnte er allerdings unbehelligt ein Labor aufbauen und Forschungen weiterführen.

193

1940 Er hatte nämlich begonnen, nach einer von ihm postulierten biologischen Energie zu suchen und sie zu »akkumulieren«, um sie für die Therapie (besonders von Krebs), aber auch für mechanische Anwendungen (er arbeitete daran, einen Motor zu konstruieren) nutzbar zu machen. Diese Energie nannte er »Orgon«. Nun gewann er Mitarbeiter und Ärzte, die seine Orgon Erkenntnisse einem Praxistest unterziehen wollten. Bei Anwendungen an Kranken wurden diese informiert, dass es sich um die Erprobungsphase handele: Es könne nicht nur keine Heilung versprochen, sondern auch keine Verschlechterung ihres Gesundheitszustandes ausgeschlossen werden.

194

1947 Mitte der 1940er Jahre erschienen verleumderische Artikel in Zeitungen (wie im skandinavischen Exil Reichs eine Pressekampagne das Nichtverlängern der Aufenthaltsgenehmigung vorbereitet hatte). Schließlich untersagte ihm die FDA den FDA Einsatz des »Orgon-Akkumulators«. Nach der Missachtung des Verbots wurde Wilhelm Reich 1957 verhaftet; er starb in Haft 1957, offiziell an Herzversagen. Die Angaben zu seinem 1957 Gesundheitszustand zuvor sind widersprüchlich, und es gab die Chance, möglicherweise begnadigt zu werden; sein Todeszeitpunkt lädt also zu allerlei Spekulationen ein.

195

Vandalismus Unterdessen hatten Beamte der FDA Wilhelm Reich, seine 1956
Angehörigen sowie Mitarbeiter gezwungen, das eigene Labor
zu zerschlagen, darunter auch Geräte im Versuchsstadium, von
denen keine weiteren Konstruktionszeichnungen überliefert
sind. Tonnenweise wurden Schriften von Wilhelm Reich ver-
brannt. Der Besitz von Schriften Wilhelm Reichs blieb bis in
die 1960er Jahre hinein verboten. 1961?

196

Von den Ärzten, die den Orgon-Akkumulator anwendeten,
wurde ein Mitarbeiter Reichs ebenfalls verurteilt (der nach
Verbüßung der Haftstrafe Suizid beging), die übrigen blieben 1958
unbehelligt; damit ist deutlich, dass die Aktion der FDA ge-
zielt sich gegen Reichs Existenz richtete und keineswegs dem
Schutz der Kranken vor einer falschen Behandlung diente.

197

In den 1960er Jahren, als die rebellierenden Jugendlichen der
Neuen Linken Wilhelm Reich entdeckten, fanden sie es nahe- 1964
FBI? liegend, in den Aktionen der FDA ein Komplott des FBI zu
sehen. Reich selber allerdings machte eine Verschwörung von
UdSSR? Sowjet-Kommunisten für seine Verfolgung haftbar. Eine Ver-
schwörung von Kommunisten in den kapitalistischen USA?
Das leuchtete den *Neuen Linken* nicht ein und sie erklärten
Reichs Vermutungen zu Auswüchsen seines Irrsinns. Aller-
FDA dings wissen wir heute, dass in der FDA, einer Gründung
unter Präsident Franklin D. Roosevelt im Zuge seines *New
Deal*, zahlreiche Kommunisten Zuflucht gefunden hatten, als
die Stimmung der USA umkippte und in eine Kommunistenverfolgung mündete. Hatten die Kommunisten in der FDA
nichts Besseres zu tun, als den Renegaten aus Deutschland zu
drangsalieren? Möglicherweise überschätzte Reich seine Bedeutung. Aber möglicherweise hatte er auch Recht.

2012

Durch die FDA-Sadisten verschontes Überbleibsel. Original-Cloudbuster von
Wilhelm Reich in Maine. Foto: Dennis Redfield, 30. August 2012. CC-BY 2.0
via flikr/Wikimedia.   commons.wikimedia.org/wiki/File:Cloudbuster.jpg
Und bei dieser Gelegenheit notwendig der Hinweis auf das beste Musikvideo
aller Zeiten von Kate Bush zu ihrem Song *Cloudbuster* 14. 10. 1985, in welchem
sie Wilhelms Sohn Peter mimt. Nicht zu vergessen Patti Smith' bewegende
Hommage an Peter Reich, der die Wiederkehr des toten Vaters ersträumt, *Bird-
land* vom Album *Horses* 1975.
Das Ding macht auf mich, wenn ich ehrlich bin, tatsächlich eher den Eindruck
eines militärischen Geräts als einer Friedens-Maschine. Gern lasse ich mich des
Besseren belehren. Doch die Ähnlichkeit mit einem Kriegsgerät macht mich
schaudern. Es gibt nur zwei Möglichkeiten. Zwei. Entweder oder. Das Ding be-
wirkt nichts, ist ein Symptom des Wahns; warum dann sich drum kümmern
und den vermeintlichen Erfinder verfolgen?, oder es ist super-potent, und dann
fragt man sich, wer ein Interesse daran hatte, ihn lächerlich zu machen. Ich
wünschte, ich könnte eine Antwort präsentieren
Seit ich Wilhelm Reich in Buchstaben begegnet bin, verzehrt mich diese Idee,
herauszufinden, was es auf sich hat mit dem Orgon. Doch die Wut über die
Sadisten, die seine Arbeit mit brutaler Staatsgewalt unterbrochen haben, ist
nur noch stärker geworden. Ist *Sadisten* übertrieben? Indem sie Wilhelm Reich
selber und nebst ihm seinen zwölfjährigen Sohn Peter zwangen, die Bücher bei
der Verbrennungsanlage einzuliefern und die Akkumulatoren eigenhändig per
Axt zu zerkleinern, betreiben sie die ultimative Demütigung, die durch nichts
zu rechtfertigen ist.

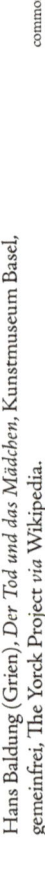

1517

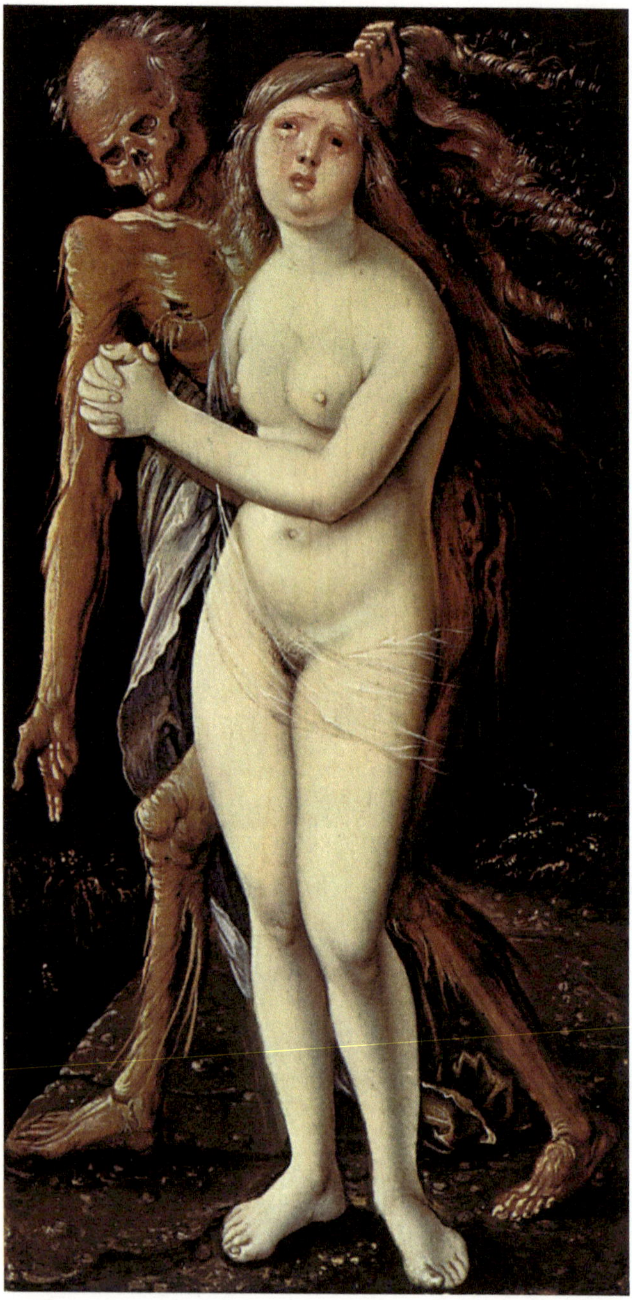

Hans Baldung (Grien), *Der Tod und das Mädchen*, Kunstmuseum Basel, gemeinfrei, The Yorck Project *via* Wikipedia.

commons.wikimedia.org/wiki/Commons:10,000_paintings_from_Directmedia

198

Die FBI-Akten bezüglich Wilhelm Reichs sind inzwischen als ⟨Aktenlage⟩

1999 pdf zugänglich[73] und ergeben nach meiner Durchsicht folgendes Bild. Jeweils in Klammern steht die *Sektion* der Akten, die *Seitenzahl* im pdf sowie das *Datum* der Akte, falls es im Text nicht bereits erwähnt ist:

199

1941 Nachdem der Report von einem US-Diplomaten aus Oslo Wilhelm Reich als »Kommunisten« bezeichnet, leitet das FBI eine Untersuchung ein, ob er ein »gefährlicher Ausländer« sei ⟨gefährlich?⟩ (1:12, 26. März **1941**).

200

1941 Mitte Dezember **1941** wird Reich als Ausländer (Deutscher)
1942 interniert, Anfang Januar **1942** entlassen. Eine Klassifizierung ⟨Klassifizierung⟩ vom 31. Januar **1942** (1:55) stuft ihn als im mittleren Bereich gefährlich ein, Stufe B (zwischen A, *sehr gefährlich*, und C, *ungefährlich*). Bemerkenswerterweise geben spätere Akten (wie
1943 z.B. 1:76ff, 15. Mai **1943**) für ihn die Klassifizierung C an.

201

1943 In einer Anweisung vom 21. Juli **1943** (1:79) fordert J. Edgar Hoover einen Spezialagenten in Newark auf, Reich aus der ⟨Reich keine⟩ Liste der gefährlichen Zielpersonen zu streichen und verweist ⟨Zielperson⟩ auf einen (in den Akten nicht aufzufindenden) Report vom
1942|3 7. Februar **1942**. Am 10. August **1943** (1:80) wird festgestellt,

73 https://archive.org/details/WilhelmReichFBI. – Sie sind in sechs, nur teils chronologisch sortierte Sektionen gegliedert; die Sektionen 4 und 5 haben jeweils drei Unterabteilungen (a, b, c). Namen von zum Zeitpunkt der Veröffentlichung noch lebenden oder besonderer Geheimhaltung gedeckter Personen sind geschwärzt; Seiten, die aus anderen der Geheimhaltung unterliegenden Behörden stammen bzw. an sie übergeben wurden, hat man entnommen. Etliche Seiten lassen sich im Scan schwer bis gar nicht entziffern. Laut im pdf gespeichertem Datum sind die Scans Ende 1999 entstanden. Ich habe sie erstmals 2002 heruntergeladen und durchgesehen.

Verwechslung dass in Newark eine Verwechslung mit William Robert Reich, einem kommunistischen Aktivisten, stattgefunden habe.

202

Ein *Office Memorandum* wiederholt am 2. Januar **1945** (2:3), 1945
kein dass keine Erkenntnisse über kommunistische Aktivitäten von
Kommunist Reich vorlägen. Es bleibt allerdings im Dunklen, wodurch das Memorandum ausgelöst bzw. von wem es angefordert wurde.

203

FDA Am 25. Oktober **1947** wird ein Vertreter der FDA beim FBI 1947 vorstellig (2:6) und begehrt Einsicht in die Akten Wilhelm Reichs, gegen den ein Verfahren wegen betrügerischer Heilbehandlung laufe. Doch erst fünf (!) Jahre später ...

204

... für den 20. August **1952** (2:21) liegt ein Begleitbrief vor, der 1952
FDA Unterlagen an die FDA avisiert. Die Unterlagen (12 Seiten) sind aus den FBI-Akten entfernt worden. Auskünfte gegenüber nicht-staatlichen Organisationen, die sich bezüglich Reichs informieren wollten, hatte das FBI vorher abgelehnt (zum Beispiel 6:26, 3. Mai **1949**; in diesem Fall eine christliche 1949 Organisation, die sich von einer Anhängerin Reichs kritisiert sah).

205

FDA Reich und seine Mitarbeiter informieren das FBI mehrfach,
= FBI? dass FDA-Beamte sich als vom FBI kommend ausgegeben und widerrechtlich das Grundstück des »Orgone Institute« betreten haben. Der Direktor des FBI benachrichtigt einen Agenten über die Anschuldigungen, bittet zwar um Auskunft, aber untersagt gleichzeitig bis auf Weiteres Untersuchungen des Falles (4b:11, 6. Dezember **1950**). Die FDA sieht sich 1950 schließlich jedoch genötigt, eine Rechtfertigung an das FBI zu

1952 senden (4c:3, 10. September 1952). In einem späteren Fall wird FBI-intern eine Untersuchung der Fälle angeregt (5a:97, *ist etwas* 1955 30. September 1955); ob dies geschehen ist, bleibt unklar. *geschehen?*

206

In der Folgezeit bietet Reich dem FBI mehrfach seine Hilfe *Hilfsangebote* im Kampf gegen den Kommunismus an (2:23, 25. November 1953|4 1953; 2:45, 25. März 1954; 4c:30ff, 16. August 1954) und bittet 1957 ab Anfang 1957 in persönlichen Briefen an J. Edgar Hoover teils handschriftlich um Hilfe (3:4, 26, 31f), während die FDA das *Hilferufe* FBI bezüglich der Ermittlungen gegen Reich auf dem Laufen-1954 den hält (2:26, 25. März 1954). Hoovers Büro leitet sämtliche von Reich und seinen Mitarbeitern ans FBI gerichteten Briefe 1957 am 17. Oktober 1957, wenige Tage vor Reichs Tod, an die FDA weiter (3:35).
Der zunehmende Wahnsinn Reichs ist persönlicher und da-mit lächerlicher Natur, derjenige, der in den bürokratischen Abläufen sinnfreier *Memoranden* des FBI und den bösartigen *Wahnsinn* Angriffen der FDA sich Bahn bricht, ist mehrheitsfähig sowie *und Methode* etabliert; deshalb scheinbar rational und gesund.

207

1955 Am 26. November 1955 (2:52ff) legt Reich Materialien vor, *kommunistische* die seine Verfolgung durch Kommunisten belegen sollen, dar- *Verschwörung* unter eine ziemlich überzeugende Konkordanz zwischen von Kommunisten verfassten Abhandlungen gegen ihn und den Anschuldigungen der FDA.[74]

208

Noch zwei Mal betont das FBI ausdrücklich, dass gleichgültig, welche Anklagen gegen Reich sonst vorliegen mögen, unter *weiterhin* dem Blickwinkel der nationalen Sicherheit keine Gefahr von *ungefährlich*

74 Es handelt sich um die Broschüre *History of the Discovery of the Life Energy. Documentary Supplement No. 2: The Red Thread of a Conspiracy* (1955).

ihm ausgehe (5a:3, 28. Juni 1955; 5b:78, 29. Februar 1956). 1955|6

unklare Die Notiz von 1955 verweist auf einen Report von 1950, der 1950?

Datierung das festgestellt habe (während am 21. Juli 1943 [1:79] ein Re- 1943

port vom 7. Februar 1942 angegeben wird). 1942?

209

Zusammen- Zusammenfassend ergibt die Durchsicht der FBI-Akten, dass

fassung das FBI anscheinend kein besonderes Interesse an dem Fall
Wilhelm Reichs hatte. Die Verfolgung war, den Akten zufolge,
einzig und allein das Werk der FDA.

210

Doch das eigentlich erschütternde Dokument in den Akten
stammt aus dem Umfeld von Reich selber. Nach dessen Verhaftung 1956 droht William S. Moïse am 21. März 1957 (6:9) 1957

Drohung mit der Auslösung von Naturkatastrophen, sollte Reich nicht
freigelassen werden.[75] Die derart ausgedrückte Omnipotenzfantasie, es zu können, ist eher tragikomisch als bloß tragisch,
doch tragisch ist der subjektive Wille, es zu tun, wenn es möglich gewesen wäre. Und das ist *sadistisch*. Nein, es besteht kein
wesentlicher Unterschied zu den Kommunisten in Moskau
oder den Demokraten in Washington.

211

Die Akten des FBI bieten keine letztgültige Lösung des Falles
von Wilhelm Reich. Jedoch schließen sie eine vom FBI ver-
anlasste politische Verschwörung gegen ihn aus. Wenn es eine

Verschwörung? Verschwörung gegeben hat, hatte sie ihren Ursprung in der
FDA. Aber ob Verschwörung von Kommunisten oder von
Konservativen: Die Verhaftung und Einkerkerung Wilhelm
Reichs, indirekt seine Tötung, die Zerschlagung seines Labors
sowie die Verbrennung seiner Schriften sind ein Schandfleck

75 Siehe oben § 190. Es besteht n. b. ein Unterschied darin, etwas psychologisch,
biografisch oder soziologisch zu erklären, und es moralisch zu entschuldigen.

[130]

für die USA und werden es immer bleiben, gleichgültig ob
Reichs »Orgon« nun ein Fünkchen Wahrheit enthält oder ein
bloßes Produkt von Schizophrenie darstellt.

212

Wie tief der Glaube daran verwurzelt ist, dass nur Nazis oder
1990 Antikommunisten jemanden mobben können, zeigt etwa die
2019 folgende Kurzdarstellung sowie ihre Rezeption in Wikipedia:
1933! »Aus beiden Vereinigungen [der Kommunistische Partei und   KPD
1934 der Internationalen Psychoanalytischen Vereinigung] wurde   IPV
er [d. i. Wilhelm Reich] 1934 ausgeschlossen. [...] Nach einem
fruchtbaren Neubeginn in den USA in den Jahren zwischen
1939! 1937 und 1947 setzte in den frühen Fünfzigerjahren auch dort
eine Phase der Diffamierung und Verfolgung Reichs ein, die zu-
dem vor dem Hintergrund des zügellosen Antikommunismus
1947ff der McCarthy-Ära interpretiert werden muss. Die amerika-   McCarthy
nische ›Food and Drug Administration‹ konzentrierte sich ins-   FDA
besondere auf Reichs ›Orgon-Akkumulator‹. Die Kampagne
gegen den Psychoanalytiker bediente sich des Vorwurfs der
›Scharlatanerie‹. Auf dem Höhepunkt der Kampagne wurde
1957 Reich 1957 inhaftiert.«[76]

213

Dies ist unklar (und unterschlägt, dass es im skandinavischen
Exil Kommunisten waren, die Reich diffamierten und derart seine Ausweisung betrieben). Was aber Wikipedia, Stand   Wikipedia
22. Juli 2019 um 01:12 Uhr, mit Hinweis auf diese Stelle in
2019 dem Buch macht, ist eindeutig falsch: »Der Antikommunis-   fake news
mus der Ära McCarthy trug zum Vorwurf der ›Scharlatane-
rie‹ in der gegen den Psychoanalytiker betriebenen Kampagne
bei.« Egal, ob man in der FDA hintergründig Kommunisten
als Drahtzieher annimmt (wie Reich selber es tat) oder nicht,

76 Wolfgang U. Eckart, *Geschichte, Theorie und Ethik der Medizin* (1990), Berlin
2017, S. 294. (Achtung: Die Daten sind z. T. ungenau.)

der Vorwurf, dass Reich ein Kommunist sei, spielte nachweislich bei Anklage und Verurteilung Reichs keine Rolle. Dies musste selbst *vor* Einsicht in die FBI-Akten als sicher gelten. Aber Glaube versetzt bekanntlich Berge. Und Tatsachen.

214

Wir sind am Ende des Abenteuers einer Wiederaneignung 2019 Wilhelm Reichs. Ich weiß nicht, wie es Ihnen ergeht: für mich hat sich die Sympathie vertieft; eine Prise Antipathie ist geblieben und die Unsicherheit, was Wahnsinn und was Genie dankbar ist. Vor allem jedoch bleibt die große Dankbarkeit für große Einsichten, die mir ohne ihn nicht möglich gewesen wären.

215

Goodman »Anders als Marcuse wäre Reich nicht so verwundert über die 1969 theoretisch ›unmögliche‹ Jugendrevolte, denn sie stand auf der Tagesordnung der Kinder des Überflusses, aufgewachsen ohne Sauberkeitsdrill, mit Erlaubnis, zu onanieren, sich lässig zu kleiden. Sie können mutig sein, ungehorsam, bodenständig. Die menschliche Natur ist formbar, es gibt aber Tatsachen, die lassen sich einfach nicht vereinnahmen. [...] Die Arbeitsethik von Reich, das Bedürfnis des Menschen, sich in produktiver Arbeit zu verwirklichen und über sich selber hinaus zu gehen, gefällt den jungen Radikalen nicht so gut, denn es stimmt, dass die meisten Berufe und die meiste Erwerbsarbeit korrumpiert und wertlos sind, wenn nicht Schlimmeres. Dennoch bleibt die Lutherische Doktrin der Rechtfertigung durch den Beruf möglicherweise wahr, und Reichs ›Arbeitsdemokratie‹ *ist* die dezentralisierte ›partizipatorische Demokratie‹, nach der die radikale Jugend strebt. [...] Und er war ein sehr autokratischer Demokrat.« – Paul Goodman.[77]

77 Einleitung zu: Ilse Ollendorff Reich, *Wilhelm Reich: A Personal Biography*, New York 1969, S. xiif.

Adorno, Theodor W., mit Max Horkheimer, *Dialektik der Aufklärung* (1944), Frankfurt/M. 1969. (Erstveröffentlicht 1947.)

Adorno, Theodor W., *Zur Metakritik der Erkenntnistheorie* (verfasst 1934-37, Erstveröffentlichung 1956), Frankfurt/M. 1970.

Amborn, Hermann, *Das Recht als Hort der Anarchie: Gesellschaften ohne Herrschaft und ohne Staat*, Berlin 2016.

Amborn, Hermann, *Recht als Strategie zur Herrschaftsvermeidung*, Vortrag LMU München, Januar 2011.

Ambrosius von Mailand, *Über den Glauben* (380), Turnhout 2005.

Ambrosius von Mailand, *Über die Jungfrauen* (377), Turnhout 2009.

Archinof, Peter, *Die Geschichte der Machno-Bewegung* (1923), Berlin 1973.

Bachofen, Johann Jakob, *Das Mutterrecht: Eine Untersuchung über die Gynaikokratie der alten Welt nach ihrer religiösen und rechtlichen Natur*, Stuttgart 1861.

Bakunin, Michael, *Unterschied ist Leben, Harmonie der Tod: Ein Brief 1872*, herausgegeben und übersetzt von Stefan Blankertz, Berlin 2020.

Benjamin, Walter, *Der Sürrealismus* (1929), in: Walter Benjamin, Hugo Ball und Ricarda Huch, *Bakunin*, hg. v. Stefan Blankertz, Berlin 2020.

Blankertz, Stefan, *Ambrosius: Callinische Hymnen*, Berlin 2015.

Blankertz, Stefan, *Anarchokapitalismus: Gegen Gewalt*, Berlin 2015.

Blankertz, Stefan, *Credo* (2004), Berlin 2018.

Blankertz, Stefan, *Derrida liest*, Berlin 2018.

Blankertz, Stefan, *Geburt der Gestalttherapie aus dem Geiste der Psychoanalyse Sigmund Freuds*, Berlin 2016.

Blankertz, Stefan, *Gestalt begreifen: Arbeitsbuch zur Theorie der Gestalttherapie*, Kassel 2018. (Erstmals 1996; 2012 stark bearbeitet.)

Blankertz, Stefan, *Gestalt Essentials: Das Wichtigste aus dem Grundlagenwerk zur Gestalttherapie von Perls, Hefferline, Goodman* (2012), Kassel 2019.

Blankertz, Stefan, *Die Katastrophe der Befreiung: Faschismus und Demokratie*, Berlin 2015.

Blankertz, Stefan, *Lamo-Kodex* (2010), Berlin 2019.

Blankertz, Stefan, *Minimalinvasiv: Acht kritische Nachträge* (2012), Berlin 2015.

Blankertz, Stefan, *Mit Marx gegen Marx: 11 x 11 Thesen*, Berlin 2014.

Blankertz, Stefan, *Die Nahrung der Seele: Thomas von Aquin*, Berlin 2015.

Blankertz, Stefan; Goldman, Emma; u. Landauer, Gustav, *Verschwinde, Staat! Weniger Demokratie wagen*, Berlin 2019.

Blankertz, Stefan, *Widerstand: Aus den Akten Pinker vs. Anarchy*, Berlin 2016.

Boadella, David, *Wilhelm Reich* (1973), Bern 1981.

Bourdieu, Pierre, *Der Staat* (1989-1991), Berlin 2014.

Buber, Martin, *Königtum Gottes* (1932), Heidelberg 1956.

Buber, Martin, *Pfade in Utopia* (1950), Heidelberg 1985.

Butler, Judith, *Das Unbehagen der Geschlechter* (1990), Frankfurt/M. 1991.

Canetti, Elias, *Masse und Macht* (1960), Frankfurt/M. 1980.

Clastres, Pierre, *Staatsfeinde* (1974), Frankfurt/M. 1976.

Crüsemann, Frank, *Widerstand gegen das Königtum*, Neukirchen 1978.

Dahrendorf, Ralf, *Amba, Amerikaner und Kommunisten: Zu der These der Universalität von Herrschaft*, in: ders., *Pfade aus Utopia*, München 1974.

Dawkins, Richard, *Das egoistische Gen* (1976), Reinbek 1996.

DeMeo, James, *Neue Informationen zur Diffamierungskampagne gegen Wilhelm Reich, die zu seinem Tod führte* (2010), Research Gate 2013.

DeMeo, James, *Der Orgonakkumulator: Ein Handbuch* (1989), mit einem Geleitwort von Eva Reich, Frankfurt/M. 1994.

Derrida, Jacques; Gadamer, Hans-Georg; Philippe Lacoue-Labarthe, *Heidegger: Philosophische und politische Tragweite seines Denkens. Das Kolloquium von Heidelberg* (1988), Wien 2016.

Eckart, Wolfgang, *Geschichte, Theorie und Ethik der Medizin* (1990), Berlin 2017.

Ellickson, Robert C., *Order Without Law: How Neighbors Settle Disputes*, Cambridge, MA 1961.

Engels, Friedrich, *Herrn Eugen Dührings Umwälzung der Wissenschaft* (»Anti-Dühring«, 1878), MEW 20.

Engels, Friedrich, *Der Ursprung des Staates, der Familie und des Privateigentums*, MEW 21. (Erstveröffentlichung 1884.)

Engeström, Yrjö, *Entwickelnde Arbeitsforschung*, Berlin 2008.

Enzensberger, H.M., *Der kurze Sommer der Anarchie*, Frankfurt/M. 1972.

Farías, Víctor, *Heidegger und der Nationalsozialismus* (1987), Berlin 2003.

Freud, Sigmund, *Jenseits des Lustprinzips* (1920), in: Studienausgabe Bd. 3.

Freud, Sigmund, *Massenpsychologie und Ich-Analyse* (1921), in: ebd. Bd. 9.

Freud, Sigmund, *Das Unbehagen in der Kultur* (1930), in: ebd. Bd. 9.

Gadamer, siehe *Derrida*.

Goldman, Emma, *The Crushing of the Russian Revolution*, dt. *Die Ursachen des Niedergangs der Russischen Revolution*, Berlin 1922.

Goldman, Emma, *Die Masse* (1909), in: Blankertz 2019.

Goldman, Emma, *My Disillusionment in Russia*, New York 1923.

Goldman, Emma, *My Further Disillusionment in Russia*, New York 1924.

Goodman, Paul, *Drawing the Line Once Again: Anarchist Writings*, hg. v. Taylor Stoehr, Oakland 2010.

Goodman, Paul, *Einmischung: Ein Reader*, Bergisch Gladbach 2011.

Goodman, Paul; Perls, Fritz; Hefferline, Ralph, *Gestalt Therapy*, New York 1951.

Goodman, Paul, *Nur ein altmodisches Liebeslied* (1972), in: H.P. Duerr (Hg.), *Unter dem Pflaster liegt der Strand*, Band 1, Berlin 1974.

Goodman, Paul, *Reich and His Enemies* (enthält: *Freud's Theory of Mind*, 1954; *The Political Meaning of Some Resent Revisions of Freud*, 1945; *Sex and Revolution*, 1945; *The Fate of Dr. Reich's Books*, 1960; *Great Pioneer But No Libertarian*, 1958), in: ders., *Nature Heals: The Psychological Essays of Paul Goodman*, hg. v. Taylor Stoehr, New York 1977.

Goodman, Paul, *Die Schwarze Fahne des Anarchismus* (1968), in: Goodman 2011.

Goodman, Paul, Vorwort zu: siehe *Ollendorff Reich* 1969.

Hayek, F.A., *Die Irrtümer des Konstruktivismus und die Grundlagen legitimer Kritik gesellschaftlicher Gebilde*, München 1970.

Heidegger, Martin, *Die Selbstbehauptung der deutschen Universität: Das Rektorat 1933/34*, Frankfurt/M. 1983.

Hermand, Jost, *Alle Macht den Frauen: Faschistische Matriarchatskonzepte*, in: Das Argument 146 (1984).

Harrer, Bernhard, und Christian Rudolph, *Wilhelm Reichs Oranur Experiment*, Frankfurt/M. 1997.

Hrdy, Sarah Blaffer, *Male-male Competition and Infanticide Among the Langurs of Abu, Rajasthan*, in: Folia Primatologica, 22. Jg. Nr. 1, 1974.

Jünger, Ernst, *Der Arbeiter* (1930), Stuttgart 1982.

Jünger, Ernst, *Heliopolis* (1949), Stuttgart 1980.

Jünger, Ernst, *Maxima-Minima: Adnoten zum ›Arbeiter‹* (1964), Stuttgart 1981.

Jünger, Ernst, *Der Waldgang* (1951), Stuttgart 2012.

Kertbeny, Karl Maria, *Schriften zur Homosexualitätsforschung* (1869), hg. von Manfred Herzer, Hamburg 2000.

Krafft-Ebing, Richard von, *Psychopathia sexualis: Eine klinisch-forensische Studie*, Stuttgart 1894. (Erstveröffentlichung 1886.)

Kropotkin, Peter, *Mutual Aid* (1901), mit einem Vorwort von Ashley Montagu, Boston o.J.; dt. *Gegenseitige Hilfe*, übersetzt von Gustav Landauer (1904), Vorwort von Franz Wuketits, Aschaffenburg 2011.

Laska, Bernd, *Wilhelm Reich*, Reinbek 1981.

LeBon, Gustave, *Psychologie der Massen* (1895), Stuttgart 1982.

Leoni, Bruno, *Freedom and the Law* (1961), Los Angeles 1972.

Mann, Thomas, *Der Zauberberg* (1924), Frankfurt/M. 1954.

Marcuse, Herbert, *Der eindimensionale Mensch* (1964), Neuwied 1977.

Marx, Karl, *Grundrisse der Kritik der politischen Ökonomie* (1858), MEW 42.

Marx, Karl, *Das Kapital: Band 1* (1867), MEW 23.

Mises, Ludwig von, *Nationalökonomie*, Genf 1940.

Mises, Ludwig von, *Human Action* (1949; überarbeitete englische Fassung der *Nationalökonomie*), Chicago 1966. Übersetzt von Rahim Taghizadegan, in vier Bänden: *Menschliches Handeln*, Wien 2019.

Mises, Ludwig von, *Theory and History* (1957), Reprint bzw. Kindle und pdf Auburn 2007; Vorwort: Murray Rothbard. Dt. erstmals 2015 (enthält das Vorwort von Murray Rothbard und eine Einleitung von Rolf W. Puster).

Neu, Rainer, *Von der Anarchie zum Staat: Die Entwicklungsgeschichte Israels vom Nomadentum zur Monarchie*, Neukirchen 1992.

Nasselstein, Peter, *Der Rote Faden: Biographische Notizen über Wilhelm Reich und die Linke*, 2017 (www.orgonomie.net).

Niekisch, Ernst, *Erinnerungen eines deutschen Revolutionärs*, Band 1: *Gewagtes Leben, 1889-1945* (1958); Band 2: *Gegen den Strom, 1945-1967*, Köln 1974.

Niekisch, Ernst, *Hitler: ein deutsches Verhängnis*, Berlin 1932.

Niekisch, Ernst, *Das Reich der niederen Dämonen*, Reinbek 1953.

Ollendorff Reich, Ilse, *Wilhelm Reich: A Personal Biography*, mit der Einleitung von Paul Goodman, New York 1969.

Ortega y Gasset, José, *Der Aufstand der Massen* (1929), Stuttgart 1952.

Orwell, George, *Homage to Catalonia* (1938), *Animal Farm* (1945), *1984* (1949).

Peglau, Andreas, *Rechtsruck im 21. Jahrhundert: Wilhelm Reichs Massenpsychologie des Faschismus als Erklärungsansatz*, Berlin 2017.

Perls, Fritz, siehe Goodman 1951.

Perls, Laura, *Meine Wildnis ist die Seele des Anderen*, Kassel 2017. (Interviews aus den 1970er Jahren.)

Pernoud, Régine, *Überflüssiges Mittelalter?* (1977), Zürich 1979.

Priese, Ruth, *Zur Überwindung des »heiligen Zorns« in Eva Reichs Leben*, 1999 (online: www.ruthpriese.de/index.php?id=22).

Reich, Eva, siehe *DeMeo* 1989.

Reich Ollendorff, siehe *Ollendorff Reich*.

Reich, Peter, *A Book of Dreams* (1973), dt. *Der Traumvater* (1975), mit einem neuen Vorwort (2015), Kindle 2017.

Reich Rubin, Lore, *Erinnerungen an eine chaotische Welt: Mein Leben als Tochter von Annie Reich und Wilhelm Reich*, Gießen 2019.

Reich Rubin, Lore, *Wilhelm Reichs wechselnde Theorien über Kindererziehung*, in: Werkblatt 61, 2/2008.

Reich, Wilhelm, *Charakteranalyse* (1933), Köln 1989.

Reich, Wilhelm, *Die Funktion des Orgasmus*, Leipzig 1927; Köln 1987 (die Bearbeitung 1942, ein völlig anderes Buch).

Reich, Wilhelm, *Der Krebs* (1947), Köln 1994.

Reich, Wilhelm, *Die Massenpsychologie des Faschismus*, siehe S. 27f.

Reich, Wilhelm, *The Red Thread of a Conspiracy*, Rangeley 1955.

Rothbard, Murray, *The Ethics of Liberty*, New York 1982.

Russ, Christian, *Online Crowds*, Boizenburg 2010.

Sahraf, Myron, *Fury on Earth*, New York 1983.

Sigrist, Christian, *Regulierte Anarchie* (1967), Frankfurt/M. 1979 mit neuem Vorwort; Münster 1994 mit neuem Vorwort.

Sofsky, Wolfgang, *Privatheit* (2007), Bovenden 2018.

Sommer, Volker, *Heilige Egoisten: Die Soziobiologie indischer Tempelaffen*, München 1996.

Sommer, Volker, *Wider die Natur? Homosexualität und Soziobiologie*, München 1990.

Stirner, Max, *Der Einzige und sein Eigentum*, Leipzig 1845.

Stoehr, Taylor, *Here, Now, Next: Paul Goodman and the Origins of Gestalt Therapy*, Cleveland 1994.

Strasser, Otto, *Aufbau des deutschen Sozialismus*, Leipzig 1932.

Strasser, Otto, *Der Faschismus: Geschichte und Gefahr*, München 1965.

Strasser, Otto, *Hitler und ich*, Konstanz 1948.

Strasser, Otto, *Mein Kampf: Eine politische Autobiographie*, Frankfurt/M. 1969.

Tellez, Freddy, *Eva Reich: una entrevista personal*, Interview in: Energía, Carácter y Sociedad, 8. Jg. Nr. 1 (1990).

Tembrins, Karola, *Anne R. Chérie* (1989), Berlin 2017.

Ulrichs, Karl Heinrich, *Araxes: Ruf nach Befreiung der Urningsnatur vom Strafgesetz*, Schleiz 1870.

Waal, Frans de, *Der gute Affe: Der Ursprung von Recht und Unrecht bei Menschen und anderen Tieren*, München 1997.

Wesel, Uwe, *Frühformen des Rechts in vorstaatlichen Gesellschaften: Umrisse einer Frühgeschichte des Rechts*, Frankfurt/M. 1985.

Wesel, Uwe, *Geschichte des Rechts*, München 1997.

Wesel, Uwe, *Geschichte des Rechts in Europa*, München 2010.

Wesel, Uwe, *Der Mythos vom Matriarchat: Über Bachofens Mutterrecht und die Stellung von Frauen in frühen Gesellschaften vor der Entstehung staatlicher Herrschaft*, Frankfurt/M. 1980.

Wilson, Edward O., *Die soziale Eroberung der Erde: Eine biologische Geschichte des Menschen* (2012), München 2013.

Schriftenreihe Berliner Gestalt-Salon

Gabriele Blankertz
Kontakt gestalten: Wege zur Heilung
124 Seiten · [D] 12,80 € · edition g. 401
ISBN 978-3-7347-8805-5

Stefan Blankertz
Die Geburt der Gestalttherapie
aus dem Geiste der Psychoanalyse Sigmund Freuds
122 Seiten · [D] 12,80 € · edition g. 402
ISBN 978-3-7392-4835-6

Stefan Blankertz
Kurt Lewins Kritik der Ganzheit
130 Seiten · mit 3 Farbgrafiken · [D] 13,80 €
edition g. 403 · ISBN 978-3-7431-6650-9

Stefan Blankertz & Cornelia Muth
Husserls Intuition und Levinas' Beitrag
124 Seiten · [D] 12,80 € · edition g. 404
ISBN 978-3-7528-6992-7

Lothar Gutjahr
Leiblose Gestalten
Tatort Gestalttherapie: Ein Phänomenologie-Krimi
208 Seiten · [D] 14,80 € · edition g. 405
ISBN 978-3-7448-6980-5

Peter Philippson
Selbstwerdung
284 Seiten · [D] 19,80 € · edition g. 406
ISBN 978-3-7528-6989-7

www.berliner-gestaltsalon.de
editiongpunkt.de